数字经济背景下中国跨境电商发展与人才培养研究

张春玲 著

中国文联出版社

图书在版编目（CIP）数据

数字经济背景下中国跨境电商发展与人才培养研究 / 张春玲著. -- 北京：中国文联出版社，2024.3（2024.6 重印）
ISBN 978-7-5190-5460-1

Ⅰ.①数… Ⅱ.①张… Ⅲ.①电子商务－产业发展－研究－中国②电子商务－人才培养－研究－中国 Ⅳ.①F724.6

中国国家版本馆CIP数据核字（2024）第060225号

著　　者	张春玲
责任编辑	周欣
责任校对	秀点校对
装帧设计	研杰星空

出版发行	中国文联出版社有限公司		
社　　址	北京市朝阳区农展馆南里10号	邮编	100125
电　　话	010-85923025（发行部）	010-85923091（总编室）	
经　　销	全国新华书店等		
印　　刷	三河市龙大印装有限公司		

开　　本	710毫米×1000毫米　　1/16
印　　张	9.5
字　　数	160千字
版　　次	2024年3月第1版第1次印刷　2024年6月第2次印刷
定　　价	36.00元

版权所有．侵权必究
如有印装质量问题，请与本社发行部联系调换

前　言

互联网时代的到来，改变了消费者的生活方式，同时也改变着企业的价值创造方式。跨境电子商务正是"互联网＋产业＋国际贸易"的产业互联网思维的实践应用，引领外贸增长新的空间，促使商品和品牌的全球化流动更加便捷。

伴随着全球现代信息技术的发展及经济一体化趋势的加剧，我国跨境电子商务产业进入爆发式增长期，跨境电商已经成为促进经济发展的重要力量。

在数字经济背景下，跨境电商具有许多优势，例如，可以降低交易成本、扩大市场规模、提高贸易效率等。然而，目前来说，跨境电商也面临着许多挑战，例如，支付安全、物流效率、法律法规等方面的风险。因此，需要针对这些问题进行改革和创新，以实现跨境电商的可持续发展。

随着我国经济发展进入新时代，已由高速增长转向高质量增长阶段。跨境电商的发展需要大量的人才支撑。然而，我国目前跨境电商人才培养机制尚不完善，存在着人才培养数量不足、质量不高等问题，已成为制约跨境电商产业发展的重要瓶颈。在此新常态下，国家需要在转变经济发展方式、调整产业结构、全面深化改革等方面下足功夫，因此不可避免地需要创新理念、科技、人才和企业。

在此背景下，《国家中长期教育改革和发展规划纲要（2010—2020年）》（〔2010〕12号）指出职业教育要面向人人、面向社会，着力培养学生的职业道德、职业技能和就业创业能力。《国家中长期人才发展规划纲要（2010—2020年）》要求"加强人才资源能力建设，创新人才培养模式，注重思想道德建设，突出创新精神和创新能力培养，大幅度提升各类人才的整体素质"。

在数字经济背景下，中国跨境电商发展创新与其人才培养机制的研究是一个重要的课题。本书的写作目的是探讨在数字经济的背景下，中国跨境电商的发展现状与创新策略，探究如何通过跨境电商人才的培养，助推跨境电商的发展，实现更高效、更便捷、更安全的贸易体验。

通过本书的写作，我们希望能够为数字经济背景下中国跨境电商的发展提供一些有益的思路和建议，为推动中国经济的发展做出贡献。

本书由宜春学院经济与管理学院张春玲独立撰写。

目 录

第一部分 数字经济背景下中国跨境电商发展现状研究

第一章 数字经济概念 ········· 3
一、数字经济定义 ········· 3
二、数字化的概念 ········· 3
三、数字经济的相关研究 ········· 5
四、数字经济领域的理论探究 ········· 5

第二章 跨境电商发展政策研究 ········· 10
一、关于国家对跨境电商总体政策的研究 ········· 10
二、关于具体政策法规的研究 ········· 12
三、关于中国跨境电商政策环境存在缺失问题的研究 ········· 31
四、关于国外跨境电商政策环境研究 ········· 39

第三章 跨境电子商务概述 ········· 45
一、跨境电子商务基本概念 ········· 45
二、跨境电子商务特征 ········· 58
三、跨境电子商务分类 ········· 62

第四章 中国跨境电子商务的发展现状 ········· 65
一、我国跨境电子商务发展历程 ········· 65

  二、中国跨境电子商务发展特征 …………………………………… 74
  三、跨境电商的发展趋势 ……………………………………………… 81
  四、中国跨境电子商务发展的机遇和挑战 ………………………… 83

第五章　跨境电子商务存在的问题及原因分析……………………… 89
  一、跨境电商支付问题及其原因分析 ……………………………… 89
  二、跨境电子商务的税收问题及其原因分析 ……………………… 91
  三、跨境电商中的法律问题及其原因分析 ………………………… 94
  四、跨境电商中的物流问题及其原因分析 ………………………… 99
  五、跨境电子商务的人才问题及其原因分析 …………………… 102

第二部分　数字经济背景下中国跨境电商人才培养研究

第六章　跨境电商人才培养研究 ……………………………………… 105
  一、跨境电商人才需求分析 ………………………………………… 105
  二、中国跨境电商人才培养现状 …………………………………… 108
  三、中国跨境电商人才培养挑战与问题 …………………………… 109

第七章　跨境电商教学模式的构建 …………………………………… 111
  一、互联网环境下跨境电商面临的新形势 ………………………… 111
  二、跨境电商实战型课程开发与教学创新 ………………………… 112
  三、"互联网+"时代对跨境电商教学模式构建的影响 ………… 115
  四、"互联网+"背景下构建跨境电商教学模式的措施 ………… 118

第八章　跨境电子商务课程教学改革研究 …………………………… 123
  一、跨境电子商务融合课程思政的教学改革 …………………… 123
  二、跨境电子商务对商务英语教学改革 ………………………… 133

三、跨境电商实训短板的教学改革研究 …………………… 136
四、跨境电子商务对行业人才的要求 …………………… 139
五、跨境电子商务人才培养的策略 ………………………… 141

参考文献 ……………………………………………………… 144

第一部分　数字经济背景下中国跨境电商发展现状研究

第一章　数字经济概念

一、数字经济定义

20世纪90年代,"数字经济"一词就已经出现在大众的视野中,学术界对于数字经济的研究也在此时开始。数字经济的概念是由美国学者唐·泰普斯科特提出的,他认为,数字经济不仅仅是技术的网络化,更是技术使用者的网络化,数字经济的出现标志着网络智能化的时代到来,他因此也被称为"数字经济之父"。

美国商务部在1998年发布了名为《新兴数字经济》的政府研究报告,这是政府层面上,数字经济第一次被写入政府工作报告中,之后的两年,又相继发布了两篇关于数字经济的研究报告,这说明政府充分肯定了信息技术的变革对其国内经济产生的巨大驱动力。此后,与数字经济有关的研究也逐渐兴起,其概念和研究范畴也在被不断丰富与完善。

目前,国际社会对数字经济还没有一个统一的定义,但现阶段的普遍共识为数字经济是经济发展以及进步过程当中必然产生的,它主要是处在经济全球化的背景之下,以全球信息网络发展为支撑的新型经济发展形势。综上所述,本书通过对现阶段数字经济发展的特点进行分析,认为数字经济将数字知识以及信息作为最基础的部分,以现代信息通信基础设施作为载体,以技术创新作为引擎,以数据作为新的生产要素,为信息产业、数字实体经济和新兴产业的深入发展提供数字人才和资本,从而从根本上改变各行业的生产和交易方式的一种新的经济形势,使生产、经营和管理活动以及生活和消费活动实现数字化转型。

二、数字化的概念

如果将起点设定为哥伦布发现新大陆,那么至今为止,人类经历了总共四次的全球化浪潮。第一次表现在航海技术完整化人类对世界的认识,第二次全球化主要特征为两次工业革命，第三次是由国际治理体系日益完善引发的全球经贸关系日益密切，第四次则为通用信息技术使国际贸易呈现出高度数字化表象，即数字化较大地影响了现有的贸易模式。

信息化在20世纪60年代被提出，西方国家在此十年后开始普遍使用"信息社会"和"信息化"的概念。

"信息化"可被理解为通过不断运用信息技术，改造个人行为、组织决策以及社会运行状态，最终使其合理化与理想化的整个过程。数字化的概念可分为狭义的数字化和广义的数字化。狭义的数字化更关注于数字技术本身，通过技术应用对具体业务和场景进行数字化改造以实现降本增效。广义的数字化则是利用数字技术对企业、政府等各类组织开展整体性的赋能与变革，更关注于其作用的系统化与整体性。本书使用的是广义数字化的概念。

数字化与信息化有一些区别。第一，它们的应用领域有所差异，信息化主要局限在单个部门进行应用，较少会存在跨部门跨区域的整合与集成。但数字化却不同，数字化的基础是数字，进行数字化的目的是破除部门与部门之间在数据流动上的障碍，进而打通企业的整个业务流程，实现跨部门的系统互通、数据互联，最终通过数据的流通达到精准洞察正确决策的效果。第二，从联系的角度看，信息系统没有建立相互关联，没有建立各个数据单元之间的连接，也没有建立企业与消费者的连接，以至于整个企业的运行效率非常低下，应对环境变化的能力也差。而数字化强调联系，强调通过利用数据来高效完成业务的整合及优化，它的发展带来了内部生产流程及工艺的联系、企业与消费者的联系，以及平台之间的相互联系等。不难推断，数字化下达成的环环相扣与交织联系，一定会带来效率的提升、成本的降低。数字化也会重构商业模式，它对企业而言定是一次重大的革命。

尽管数字化与信息化之间存在种种差异，但它没有将其前辈信息化的内涵完全推翻。数字化作为信息时代的主要特征，更加强调通过应用数字化技术来重塑企业及政府等的生产方式与组织关系。在当前这个充满巨大不确定性的时代下，有一件事可被认定为充满确定性，那就是正在发生的并且必定会延续至未来的数字化大趋势。不得不承认，不断在发展着的数字化潜移默化地影响着各行各业，任何行业的企业都面临着前所未有的数字化机遇。国际贸易也是如此，随着数字化贸易基础设施的更新换代、数字化贸易平台的增多和系统完善,数字化正在助力传统国际贸易转型升级。我国作为出口大国,传统的外贸出口方式在如今的数字化时代下必然会碰壁,但从一定程度上来讲,数字化跨境业务才能真正挖掘我国潜在的巨大内需,推动世界经济发展。

三、数字经济的相关研究

在中国数字经济蓬勃发展的背景下,越来越多的学者将数字经济与中国具体现实相结合,探讨中国在数字经济时代面临的机遇和挑战。数字经济俨然成为推动当代中国经济增长的新引擎,作为实现资源有效配置和贸易结构优化的经济增长点,被认为是解决全球和国内不平衡发展的新路径、我国产业转型的突破口和着力点。例如数字经济引申出数字贸易,这种新贸易形式为传统贸易给予全新特征,具有商业结构扁平化、市场竞争强化、规模经济与范围经济的融合和互补等特点,提高了传统经济活动的效率。张腾和蒋伏心具体指出数字经济从要素结构与产业结构两条路径对经济结构促进,而对收入结构的模式转型升级产生了明显的约束效果。

何枭吟指出我国尽管在数字经济建设方面取得了一定成就,但与之相匹配的企业经营模式和市场环境需进一步改善,弥补数字鸿沟能够有效稳定我国在数字时代的经济均衡发展。陈林、张家才指出数字经济使得原来单边市场内的产业组织和结构已过渡到双边市场内的形态,双边市场中存在的网络外部性、复杂定价策略、多类竞争并存的特点使得互联网企业并购扩张行为存在着不同于单边市场的市场垄断势力的威胁,相应的理论和执法实践都需与时俱进。

四、数字经济领域的理论探究

1996年,美国学者唐·泰普斯科特在《数字经济时代》中正式提出数字经济的概念。1998年、1999年和2000年,美国商务部先后出版了三本数字经济的研究报告,由此数字经济的概念被正式确定。

(一)数字经济的定义和范围

随着数字经济的不断发展,涌现出一大批新模式、新业态,使得数字经济的定义和涵盖范围一直处于讨论的焦点。

1. 数字经济的定义

澳大利亚宽带通信与数字经济部（2013）认为数字经济指由数字技术所支持的全球经济和社会活动。欧洲委员会（2013）将数字经济定义为采用了数字技术的经济活动。英国下议院（2016）指出数字经济是商品和服务的数字化接入，以及利用数字技术协助实现的商业活动。二十国集团（2016）提出数字经济是使用数字化的知识和信息作为关键生产要素、以现代信息网络作为重要载体、以信息通信技术的有效使用作为效率提升和经济结构优化的重要推动力的一系列经济活动，该定义在我国各界受到了广泛认同。国际货币基金组织IMF（2018）将数字经济狭义上定义为网络平台以及基于这种平台的活动，广义上定义为使用数字化信息的所有活动。

2. 数字经济的范围

国内外各界学者对数字经济的基本定义，涵盖了其对于数字经济研究范围的基本态度，在此基础上提出了数字经济的详细产业分类及产品目录。美国经济分析局BEA（2018）以《北美产业分类体系2007》为依据，从硬件、软件、支持设备、通信、电子商务、数字媒体这几个方面提出了细分的数字经济产品目录。经济合作与发展组织OECD（2014）将ICT及相关辅助产业纳入数字经济的基本构成，将数字媒体、电子商务、电子政务、远程教育及智慧医疗等ICT在其他行业的应用界定为数字经济在其他领域产生的影响。中国信息通信研究院（2017）将数字经济划分为数字产业化和产业数字化两大类，认为数字技术的基础设施制造及服务提供，数字技术应用于其他传统经济行业的部分均属于数字经济。我国绍兴市统计局发布的《浙江省数字经济核心产业统计分类目录》（2018）提出了数字经济的详细7个行业大类、128个行业小类下的产品目录。关会娟（2020）结合我国统计分类标准，从数字设备制造、信息传输、数字技术服务、数字媒体、互联网应用这5个方面，提出了数字经济产业的统计分类，具体涵盖22个行业中类及122个行业小类。

（二）数字经济的指标体系、测度及核算

近年，数字经济的指标体系及测度相关研究主要包括三个方面：

1. 数字经济的指标体系研究

上海社会科学院信息研究所组织出版的《数字经济蓝皮书：全球数字经济竞争力发展报告（2017）》（王振，2017）一书从数字基础设施、数字产业、数字创新、数字治理这几个方面建立了指标体系，其后出版的《数字经济蓝皮书：全球数字经济竞争力发展报告（2018）》和《数字经济蓝皮书：全球数字经济竞争力发展报告（2019）》（王振，2018、2019）对2017年的报告进行了补充和完善。一些学者提出了数字经济发展的评估指标体系（万晓榆，2019），以及结合我国国情的数字经济发展指数与四大维度指标体系（王宇霞，2019；林云，2019），从数字化产业、数字化创新、数字化治理、数字环境、数字知识型人才供给这些方面构建和完善数字经济指标体系。

2. 数字经济的测度

国际货币基金组织IMF发布的《数字经济测度》报告从多方面探讨了数字经济的测度问题，包括数字经济带来的福利效应、数字全球化与生产效率测度、数字产品质量及价格变化测度、电子商务及共享经济测度、来自网络的免费信息产品测度、数字货币及数字交易的测度等。中国互联网络信息中心发布的《国家信息化发展评价报告》（2016）对我国的信息化发展水平进行了评价，主要从ICT接入能力、ICT应用能力和ICT教育水平三个方面进行测度。中国信息通信研究院（2018）将数字经济分为基础部分和融合部分进行测算。数字经济基础部分规模增加值根据电子信息制造业、基础电信业、互联网行业、软件服务业增加值测算合计得到。数据经济融合部分规模增加值则根据ICT产品和服务在其他领域融合渗透带来的产出增加和效率提升进行测算。

一些学者从方法的角度探讨了数字经济的测度问题，并提出采用企业财务指标来衡量数字经济中的技术融合水平。这意味着，通过分析企业的财务数据，可以了解数字经济的发展状况，以及技术融合的程度。这种方法着重考虑的是企业的实际表现，它能够反映数字经济的发展对企业的经济活动的影响。

另外一些学者则认为数字经济的测度需要采用复杂性方法，这种方法更全面地考虑了数字经济的各个方面。它包括数字规模、无形资本、跨境数据流等，这些因素都是数字经济的重要组成部分，对于理解数字经济的发展具有重要意义。

还有一些学者结合中国的具体情况，提出了"先贡献度、后增量、再总量"的思路。这种方法首先关注的是数字经济对整体经济的贡献度，其次是数字经济的增量部分，最后是数字经济的总量。这种思路结合了中国经济发展的实际情况，考虑了数字经济的不同方面，有助于更准确地了解数字经济的发展状况。

这些观点和方法都在努力理解和衡量数字经济的发展状况。同时，也需要注意到，由于数字经济的发展速度很快，需要不断更新和完善测度方法，以便更好地反映数字经济的实际情况。

3. 数字经济的核算方法

我国学者针对数字经济的发展特征，结合我国基本国情进行了数字经济核算的相关研究。向书坚（2019）针对数字经济生产核算、资金核算、资本核算构建了一般性核算指标，深化了我国数字经济卫星账户核算体系及方法。罗良清（2021）将数字经济划分为数字基础产业及融合产业，在此基础上设计了数字经济卫星账户框架、核心表达式及总量指标。许宪春（2020）在数字经济内涵及要素界定的基础上，界定了数字经济的核算范围，构建数字经济规模核算框架，并采用国际层面数据实证比较，指出数字经济推动经济增长的作用明显。朱发仓（2021）将数字技术视为资本要素投入，设计了数字产业部门增加值"两步法"，从而测度数字经济的增加值规模。

（三）产业数字融合

数字技术在我国各地区的不同融合程度，会导致地区产业结构的异质性。数字技术在三大产业中的融合程度存在差异，已有一些学者采用我国省级产业面板数据分析数字技术对产业结构转型升级的影响（徐伟呈，2018；石喜爱，2017）。

制造业的升级改造是我国未来几年的发展战略，而数字技术的发展及应用有助于我国制造业的全球价值链重构升级（王海杰，2018）。随着新一代信息技术的发展，制造业成为数字经济的主战场，制造业创新生态圈正在加快形成，智能制造、网络化协同制造、个性化定制制造和服务型制造等新模式不断涌现（曹正勇，2016）。数字经济通过破解创新链瓶颈、拓展服务链空间、优化供应链效率、提升制造链质量，从而破解我国工业化升级转型中的瓶颈问题，助推我国工业化平台共享、数据驱动、生态化、服务增值、智能主导，加快迈向全球价值链中高端（赵西三，2017）。

  从技术应用层面看，产业数字化升级需要以大数据和消费者为主导驱动产品的研发创新，推进数字化、智能化和网络化的生产模式，优化产品的全生命周期。需要构架消费者和生产者之间的信息桥梁，增加产品的技术含量及种类多样性以满足不同需求，从大数据的角度挖掘客户信息，开拓新的营销渠道，并通过企业小型化、分工化和专业化的转型，以互联网平台为依托，构建效率更高的生产及销售团队，重构全球的价值链分工。为提升我国产业发展质量，应不断突破关键技术和关键设备、加强信息安全保障体系建设、强化人才队伍支撑等，推动产业数字化转型升级。

第二章 跨境电商发展政策研究

一、关于国家对跨境电商总体政策的研究

（一）国务院的总体要求

中国政府高度重视跨境电商发展，把跨境电商当作传统贸易转型升级的重要抓手，因而从顶层设计上，对跨境电商做了一整套支持其规范发展的制度体系。当然，这个制度体系的建立并非一帆风顺。自2013年以来，国家在发展跨境电商思路上，逐步走向稳定和成型。根据2018年国务院常务会议的决定和思路，在"十三五"乃至未来相当长的一段时期内，中国发展跨境电商的原则主要有：

一是鼓励创新和公平竞争，不搞政策优惠；二是坚持在发展中规范，在规范中发展；三是坚持先行先试、循序推进；四是明确促进产业发展作为重点，把B2B作为主攻方向。详见表2-1。

表2-1 国务院对跨境电商总体要求

序号	原则	内容	内涵
1	鼓励创新和公平竞争，不搞政策优惠	相关制度设计和创新都不能建立在税负不公平的基础之上，更不能人为地向不公平的竞争模式提供监管便利	要在贸易方式和地区之间创造公平环境，特别是在税收政策、通关监管流程等领域
2	坚持在发展中规范，在规范中发展	先把产业发展壮大，再逐步规范。发展和规范都是目标，相辅相成，但规范要为发展服务	鼓励行业先做大，对于税收、监管等不规范的情况可持包容态度，后续不断规范
3	坚持先行先试、循序推进	鼓励先行先试，让各地、各类企业的发展有目标、有方向。通过制度创新、管理创新和服务创新，逐步积累可复制、可推广的经验	鼓励通过开展跨境电商综合试验区、税收政策、通关政策等相关试点工作，探索适合行业规范、健康发展的政策体系
4	明确促进产业发展作为重点，把B2B作为主攻方向	坚持进出口并重，出口为主，更好地推动外贸稳增长和转型升级。国家允许B2C适度发展，但并非重点鼓励方向	引导地方和企业不要局限在进口业务，特别是在B2C进口上，要以大力发展出口业务为主，并且在B2B业务方面做大做强

资料来源：作者对国务院新闻办网站信息的整理。

上述4个原则，很好地串联形成跨境电商产业发展的总体思路，有目标、有措施、有重点、有注重事项，几乎涵盖了跨境电商产业面临突出的税负不公平、监管不对等、政策体系独立分散、主流业务不突出等核心问题，是现阶段对跨境电商发展的科学判断。我们有理由相信，这将是未来一段时间内中国跨境电商发展的指导原则，所有政策体系都应按照该框架起草制定。

（二）国家级政策

2010年以来，国家在鼓励互联网发展、支持信息经济创新推动经济发展和市场创新中出台了一系列支持政策，如建立自由贸易区，人民币的国际化和"一带一路"，为跨境电商提供了良好的发展环境（罗嘉燕、洪锦端，2019）。2013年以后，跨境电商成为各界关注的焦点模式。商务、财政、海关、税务、外汇等部门相继出台鼓励跨境电商发展的措施，包括为探索可复制推广的经验开展的政策性综合和专项试点，支持跨境电商企业退税、支付、结汇，给予跨境电商进出口企业配套通关措施等。同时，地方政府也为支持跨境电商发展制定了鼓励措施和规划方案，都有效营造了适合跨境电商企业干事创业的营商环境。下面，将主要就几项主要政策的出台背景做分析和研究。

1.《国务院办公厅转发商务部等部门关于实施支持跨境电子商务零售出口有关政策意见的通知》（国办发〔2013〕89号，以下简称89号文）

2013年8月21日，国务院办公厅下发了89号文，这份文件是国务院层面出台的第一份关于支持跨境电商的专项文件。89号文主要支持政策为：确定电子商务出口经营主体（以下简称经营主体）、建立电子商务出口新型海关监管模式并进行专项统计、建立电子商务出口检验监管模式、支持电子商务出口企业正常收结汇、鼓励银行机构和支付机构为跨境电子商务提供支付服务、实施适应电子商务出口的税收政策、建立电子商务出口信用体系。

经翻阅有关资料和向有关部门求证，该文件的出台具有特定的背景。朱恺（2014）在分析跨境电商发展现状时提出，2013年8月出台的关于支持跨境电商发展的"国六条"主要是针对出口平台和利用电商出口的小微企业，并且仅限于跨境电商零售出口，即面向境外消费者出口的B2C部分。徐松、张艳艳（2015）认为，中国跨境电商的快速发展离不开中国政府的高度关注和支持，特别是 2013 年 8 月出台的 89 号文从商品通关、商品检验、税收、外汇买卖、货款支付和信用六个方面支持中国跨境电商的发展。这都说明了 89 号文的特殊意义和作用。

因此，可以说 89 号文主要解决的是零售出口中不能结汇、退税的问题，更重要的是为跨境电商这一业态首次正名。但该文件仅仅从跨境电商零售出口角度出台政策，也反映出 2013 年政府和行业对于跨境电商的认识和态度还处在比较局限的阶段。

2.《国务院办公厅关于促进跨境电子商务健康快速发展的指导意见》（国办发〔2015〕46 号，以下简称 46 号文）

2015 年 6 月，国务院办公厅发下了 46 号文，这是国务院第二份关于支持跨境电商发展的专项文件。其中，提出了关于全面支持跨境电商各模式发展的政策措施，包括支持进口、出口、B2B 以及海外仓发展等措施，从海关通关、税收、检验检疫、电子支付、金融支持、综合服务体系建设等方面提出明确支持方向。

46 号文是第一份关于跨境电商的综合性指导文件，其最大的贡献是解决了跨境电商以 B2B 为主、B2C 为辅的原则性问题。同时，对进口问题做了明确表述，为后续跨境电商零售进口一系列文件的出台打下了伏笔。46 号文的出台也与杭州综合试验区设立时间相近，在逻辑上也与杭州综合试验区关系尤为紧密。

3. 其他要求

此外，在 2014 年、2015 年、2016 年和 2019 年先后四年的国务院总理《政府工作报告》中对跨境电商工作做出明确部署，要求不断完善跨境电商的支持政策体系，切实促进跨境电商创新发展。这一方面体现出政府对跨境电商新业态的明确支持，另一方面也凸显跨境电商在过去几年外贸发展中的重要地位。这也成为各地积极发展跨境电商，各类经营主体不断开展模式创新的指导性要求。

二、关于具体政策法规的研究

如果说国务院层面的文件是对跨境电商提出总体要求，那么各部门的专业化文件则是对营造跨境电商环境做出的具体部署和安排。调研中，各类企业分别反映了对政策的不同需求，具体来说，税收政策是最受关注的政策，特别是零售进口税收政策，其次是进口的非关税壁垒政策，还有海关监管政策，包括稽查政策、信用评级等，还有检验检疫制度和收结汇政策。以上都是监管政策，是对企业的行为施以规范性要求的政策，要求企业的经营行为必须达到的基本要求，还有支持政策，如资金补贴、便利化政策等。这些政策体系构成了跨境电商企业的具体政策环境。

（一）进口税收政策

1. 产生背景

进口税收政策，主要是指跨境电商零售进口税收政策。根据2015年46号文"关于跨境电子商务零售进口税收政策，由财政部按照有利于拉动国内消费、公平竞争、促进发展和加强进口税收管理的原则，会同海关总署、税务总局另行制订"的精神，财政部、海关总署、税务总局等部门经过深入调研，并于2016年3月24日财政部等部门发布《财政部 海关总署 国家税务总局关于跨境电子商务零售进口税收政策的通知》，将于4月8日起实施跨境电子商务零售进口税收政策，并同步调整行邮税政策。

该文件的主要目的是规范2014年起海关总署在郑州等地实行的1210保税进口监管模式，即把境外商品集中进口到境内保税区，再通过消费者以个人物品的方式在网上下单支付缴税，最终通过保税区的物流渠道交付给消费者的过程。

2. 主要内容和特点

一是限值和限额管理。考虑到大部分消费者的合理消费需求，政策将单次交易限值由行邮税政策中的1000元（港澳台地区为800元）提高至2000元，同时将设置个人年度交易限值为20000元。（注：2018年11月，财政部等部门再次决定将单笔交易限额提高至5000元，年度限额提高至26000万元）。

二是新的税收规定。在限值以内进口的跨境电子商务零售进口商品，关税税率暂设为0%，进口环节增值税、消费税取消免征税额，暂按法定应纳税额的70%征收。超过单次限值、累加后超过个人年度限值的单次交易，以及完税价格超过2000元限值的单个不可分割商品，将均按照一般贸易方式全额征税。

三是实行清单管理，即为满足日常征管操作需要，有关部门将制定《跨境电子商务零售进口商品清单》（以下简称《清单》），只有在清单内的商品才能通过

1210 模式进口。2016 年 4 月，公布的首批商品清单涵盖 1142 种商品，不久有关部门又对《清单》做了补充，列入《清单》的商品总计 1293 种。直至 2020 年 1 月，有关部门对《清单》做了最新一轮修订，将商品增加至 1413 种。

四是实行按货物监管。要求首次进口的商品在报关时，需要提交一般贸易商品进口所需的通关单，即需要完成商品备案、注册、登记等检验检疫手续。后续关于海关监管政策中，将对监管政策的完善做详细阐述。

从上述要求可以看出，经过多次调整，政策在征收税率、限值限额以及清单范围和通关单要求等方面都进行了补充和完善。

3. 关注点

经向有关跨境电商企业调研，了解企业运用 1210 保税进口的大概关系和流程图如下：

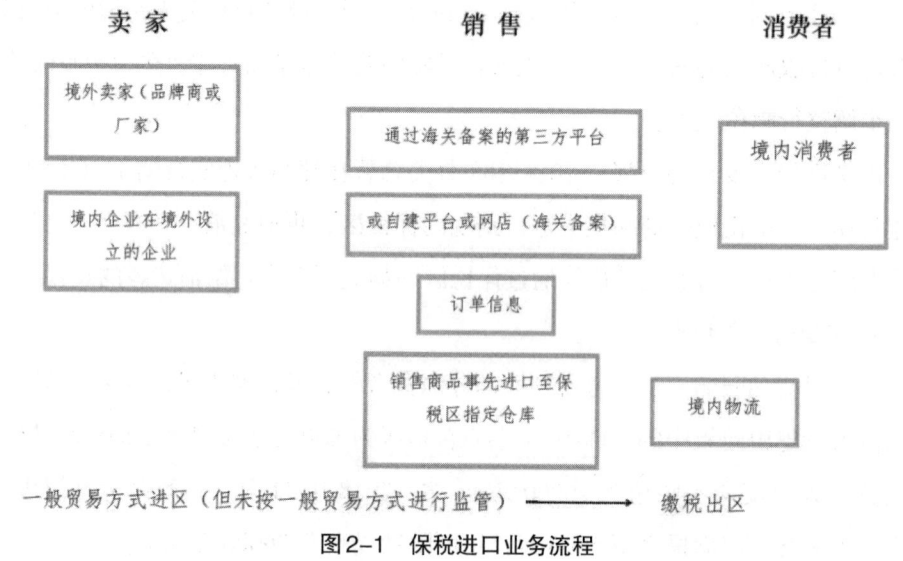

图 2-1 保税进口业务流程

资料来源：作者向相关跨境电商企业的调研、归纳与整理。

从上述流程可以看出，企业高度关注缴税幅度、可进入保税区商品种类以及出入关的效率。佘建明（2016）在分析零售进口税收新政时提出，网购保税商品种类、税负、年度限值以及行邮方式的风险是新政实施过程中企业最为关注的因素。从税收角度，政府和企业的主要关注点包括以下几点：

一是按新政缴税与按一般贸易缴税的公平性。政府关注的是所有商品能够按要求纳税,而企业关注是否存在税收优惠,特别是按照"税基×税率"的方式,商品的计税价格以线上销售价格为依据,而一般贸易货物按到岸价格为依据,本身就存在较大差异,很可能超出税率优惠的幅度。

二是缴税后的监管成本上升。新政实施后,进口商品税费的最低免征额取消,需要征收进口税费的跨境商品数量增加,虽然每笔交易的征税金额较小,但是需要更多的行政成本投入,管理难度加大。

三是跨境电商税收新政设定了个人年度限购限额,这就要求海关准确掌握消费者的个人身份信息、年度消费金额(吕瑶,2018)。这种限额对消费者线上采购商品的次数和商品种类带来了一定影响。以某电商平台为例,见表2-2。

表2-2 跨境电商零售进口税收政策调整后某电商平台部分商品价格变化表

品类	序号	商品名称	线上(跨境电商)			
			新政前售价(元)	新政后售价(元)	综合税(元)	价格涨幅(%)
一、母婴	1	纸尿裤日本花王大号54片2包	99.00	110.78	11.78	11.90
	2	奶粉澳洲爱他美幼儿奶粉3段三罐	498.00	560.00	60.00	12.45
二、化妆品	3	香水法国香奈儿邂逅机遇(粉色)50mL	499.00	733.53	234.53	47.00
	4	护肤品日本SK2神仙水215mL护肤精华露	444.76			
	5	养发精日本资生堂不老林精养发素300mL				
	6	护肤品美国袋鼠保湿发膜236mL	49.00			
三、保健品	7	蛋白质美国安利纽崔莱(AMWAY)蛋白粉450克				
	8	营养液德国Floradix补铁补血营养液500mL	100.00	119.73	12.73	19.73
	9	维生素美国善存成人复合多种维生素365加60片				
四、家居和食品	10	坚果美国Kirkland Signature原味坚果1130g	155.00	174.00	18.45	12.26
	11	枕头泰国YANAPA天然乳胶枕		249.00		
	12	牛奶澳洲SIMPLYWHITE全脂UHT牛奶(1LX12)				

资料来源:作者2016年5月赴杭州、郑州等地实地调研整理。

（二）出口税收政策

1. 产生背景

出口税收政策，主要是指《财政部、国家税务总局关于跨境电子商务零售出口税收政策的通知》（财税〔2013〕96号）、《关于跨境电子商务综合试验区零售出口货物税收政策的通知》（财税〔2018〕103号）以及国家税务总局公告2019年第36号公告《关于跨境电子商务综合试验区零售出口企业所得税核定征收有关问题的公告》。政策产生的背景是依据2013年89号文的要求，对跨境电商零售出口企业实行退免税政策，以帮助在跨境电商平台上出口的邮包和快件在9610监管模式下实行正常的收结汇和退免税。

2013年起，中国跨境电商零售出口规模逐渐增大，却无法正常收结汇和退税，影响了企业的经营效益和国际竞争力，受到国务院和相关部门的高度重视。为有效解决该问题，相关部门出台了该政策。

2. 主要内容和特点

上述三份文件，相关内容和适用范围总结如表2-3所示。

表2-3 跨境电商出口税收政策

政策名称	主要内容	适用范围
2013年96号文	自2014年1月1日起，"电子商务出口企业出口货物〔财政部、国家税务总局明确不予出口退（免）税或免税的货物除外，下同〕"，同时符合本政策所限定条件的，适用增值税、消费税退（免）税政策	全国范围增值税退免税
2018年103号文	对跨境电商综合试验区未取得有效进货凭证的电商出口货物，符合"（一）电子商务出口企业在综试区注册，并在注册地跨境电子商务线上综合服务平台登记出口日期、货物名称、计量单位、数量、单价、金额。（二）出口货物通过综试区所在地海关办理电子商务出口申报手续。（三）出口货物不属于财政部和税务总局根据国务院决定明确取消出口退（免）税的货物"等条件，将试行增值税、消费税免税政策	跨境电商综合试验区增值税退免税
2019年36号文	符合"（一）在综试区注册，并在注册地跨境电子商务线上综合服务平台登记出口货物日期、名称、计量单位、数量、单价、金额的；（二）出口货物通过综试区所在地海关办理电子商务出口申报手续的；（三）出口货物未取得有效进货凭证，其增值税、消费税享受免税政策的"等条件，按照4%应税所得率核定征收所得税	跨境电商综合试验区所得税抵扣

资料来源：作者对财政部、税务总局网站有关内容的整理。

这一系列跨境电商出口税收政策可以说是具有很强的延续性，2013年第96号文时间早，主要解决增值税退免税问题，2013年第103号公告和36号文都是96号文的延续，用以解决96号文未能解决的增值税退免税政策落地问题和由此引发的出口企业所得税征收问题，而2013年第103号公告与36号文之间并无直接关联。

3. 关注点

调研中，企业虽然对出口税收政策的出台表达了认同。但事实上，并非所有企业都认为享受综合试验区免征不退政策和所得税扣缴政策是积极的，部分企业在享受政策之前，也无须缴税。新政策出台后，企业所有数据和信息都上交政府平台，还要缴纳4%所得税，对很多企业而言并不划算。支持政策的企业，都希望业绩能够阳光化，经得起审计和帮助未来走向资本市场，但与其他跨境电商出口企业相比，这在企业比重还不大。

（三）监管政策

1. 产生背景

海关监管政策范围比较广泛，主要体现在进出口商品的监管方面，涉及的政策主要有《关于完善跨境电子商务零售进口监管有关工作的通知》（商财发〔2018〕486号）、《关于跨境电子商务零售进出口商品有关监管事宜的公告》（海关总署〔2018〕194号）、《关于实时获取跨境电子商务平台企业支付相关原始数据接入有关事宜的公告》（海关总署〔2018〕179号）、《关于规范跨境电子商务支付企业登记管理》（海关总署〔2018〕27号）、《关于跨境电子商务统一版信息化系统企业接入事宜的公告》（海关总署〔2018〕56号）、《关于跨境电子商务零售进出口商品有关监管事宜的公告》（海关总署〔2016〕26号）、《关于跨境电子商务进口统一版信息化系统企业接入事宜的公告》（海关总署〔2016〕57号）、《关于增列海关监管方式代码的公告》（海关总署〔2014〕12号）、《支付机构跨境电子商务外汇支付业务试点指导意见》等。

以上一系列监管政策的出台，主要是由于海关、市场监管总局、外汇等执行部门，按照国务院和相关国务院组成部门的政策要求，应履行具体的监管职能。由于跨境电商商品在进出口通关过程中，如果按照原有传统贸易进行监管的流程，将无法适应高频次、低货值的跨境电商的特点，显得较为烦琐。因而，不论是数据接入、统一版信息化、增加监管代码还是开展进出口监管等，都是为了规范和便利跨境电商进出口环节开展的工作。

2. 主要内容和特点

除税收政策以外的监管政策，体现的主要是可执行性和强制性。以《关于完善跨境电子商务零售进口监管有关工作的通知》（商财发〔2018〕486号）为例，其主要政策包括：

要求商品"属于《跨境电子商务零售进口商品清单》内、限于个人自用并满足跨境电商零售进口税收政策规定的条件"，"通过与海关联网的电子商务交易平台交易，能够实现交易、支付、物流电子信息'三单'比对"，"对跨境电商零售进口商品按个人自用进境物品监管，不执行有关商品首次进口许可批件、注册或备案要求。但对相关部门明令暂停进口的疫区商品，和对出现重大质量安全风险的商品启动风险应急处置时除外"。对于各方责任，要按照"政府部门、跨境电商企业、跨境电商平台、境内服务商、消费者各负其责"的原则，明确各方责任，实施有效监管。

政策对于其他关于统一版接入和新增监管代码，以及支付企业登记管理等要求，都从操作层面做了详细规定，以便于企业开展实际对接。

3. 关注点

上述监管政策，从企业层面，更多关注的是政策的可操作性和便利性，特别是对以往已开展的业务不要引起过大的冲击。而政府关注的角度则有不同，更多关注的是责任认定、规范管理等方面。

（四）外贸综合服务政策

1. 产生背景

外贸综合服务政策主要是指相关政府部门出台的外贸综合服务企业支持政策措施。外贸综合服务企业是指具备对外贸易经营者身份，接受国内外客户委托，依法签订综合服务合同（协议），依托综合服务信息平台，代为办理包括报关报检、物流、退税、结算、信保等在内的综合服务业务和协助办理融资业务的企业（王晓彬，2019）。该类企业具体支持政策包括：《国家税务总局关于调整完善外贸综合服务企业办理出口货物退（免）税有关事项的公告》（国家税务总局公告 2017 年第 35 号）、《国家税务总局关于外贸综合服务企业办理出口货物退（免）税有关事项的公告》（国家税务总局公告 2018 年第 25 号）和《商务部 海关总署 税务总局 质检总局 外汇局关于促进外贸综合服务企业健康发展有关工作的通知》（商贸函〔2017〕759 号）。

外贸综合服务企业是传统外贸代理企业运用互联网信息技术为生产企业提供外贸进出口业务综合服务的平台，也是跨境电商 B2B 业务最重要的一种模式。外贸综合服务企业的出现将生产企业从进出口的琐碎环节中解脱出来，从而有更多时间进行新产品研发和制造，进一步增强了生产企业的企业竞争力（丁飘飘，2019）。2013 年 7 月《国务院办公厅关于促进进出口稳增长、调结构的若干意见》（国办发〔2013〕83 号）提出了"外贸国六条"，其中首次提出外贸综合服务企业的概念："充分发挥外贸综合服务企业的作用，为中小民营企业出口提供通关、融资、退税等服务，抓紧研究促进外贸综合服务企业发展的支持政策"，这是外贸综合服务企业发展的重要里程碑（王晓彬，2019）。后续的文件也都是在此基础上，根据行业诉求和发展特点不断完善的政策体系。

2. 主要内容和特点

《国家税务总局关于调整完善外贸综合服务企业办理出口货物退（免）税有关事项的公告》（国家税务总局公告 2017 年第 35 号）明确了可由符合条件的综服企业向所在地税务机关集中代替符合条件的国内生产企业办理出口退（免）税。其中综服企业的条件是：符合商务部等部门规定的综服企业定义并向主管税务机关备案；企业内部已建立较为完善的代办退税内部风险管控制度并已向主管税务机关备案。

生产企业的条件是：1. 出口货物为生产企业的自产货物或视同自产货物。2. 生产企业为增值税一般纳税人并已按规定办理出口退（免）税备案。3. 生产企业已与境外单位或个人签订出口合同。4. 生产企业已与综服企业签订外贸综合服务合同（协议），约定由综服企业提供包括报关报检、物流、代办退税、结算等在内的综合服务，并明确相关法律责任。5. 生产企业向主管税务机关提供代办退税的开户银行和账号（以下简称代办退税账户）。

《国家税务总局关于外贸综合服务企业办理出口货物退（免）税有关事项的公告》（国家税务总局公告2018年第25号）事实上是对2017年第35号公告的补充，主要内容是：1.综服企业在2017年11月1日至2018年2月28日期间出口的货物，符合《国家税务总局关于外贸综合服务企业出口货物退（免）税有关问题的公告》（国家税务总局公告2014年第13号）规定的，允许在2018年6月30日前，按照国家税务总局公告2014年第13号的规定申报办理出口退（免）税。2.明确了申报资料的填报事项。规定申报出口退（免）税时，必须在申报表"备注"栏填写"WMZHFW"。

《商务部 海关总署 税务总局 质检总局 外汇局关于促进外贸综合服务企业健康发展有关工作的通知》（商贸函〔2017〕759号）：主要是明确了综服企业的定义，以及各部门的支持方向，包括商务部加强协调工作和信息共享；海关总署完善信用管理办法，制定认证标准等；税务总局完善综服企业出口退（免）税管理办法，生产企业为退税主体，承担主体责任，综服企业承担连带责任；质检总局加强综服企业信用分类管理，创新支持和监管措施；外汇局实施主体监管、总量核查和动态监测。

上述政策的特点：一是围绕税务问题展开，特别是涉嫌骗退税生产企业与综服之间责任认定的问题。二是围绕支持综服企业发展，各部门协同配合。

3.关注点

在对深圳一达通、宁波世贸通等外贸综合服务企业调研中，企业普遍反映综服企业的问题就是责任认定的问题，即货款是境外单位或者个人给予外贸进出口综合服务企业的，一旦出现涉税违法的行为，承担其中的法律责任的就是外贸进出口综合服务企业，其中就包括涉嫌骗退税的责任。企业普遍反映，退税风险是最大风险，退税风险的诱因很多，主要是与客户主动骗取退税以及供应商未缴税有关。发生上述情况之后，不仅影响正常业务的退税申报，还会导致涉及订单无法退税，同时，还要计提销项税，导致综服企业巨额损失（骆敏华，2016）。

在此基础上，税务总局才相继出台了2017年第35号和2018年第25号公告，包括商务部等五部门出台的工作通知，也都以围绕责任主体为核心。事实上，随着综服企业支持政策的不断完善，企业的经营规模和服务能力都得到了明显提升。

（五）各级试点政策

1. 产生背景

为探索中国跨境电商新型商业模式发展，2012年起，中国相关部门相继启动了跨境电商试点工作。其中，以国务院批准的跨境电商综合试验区层级最高，影响最大。2015年3月，《国务院关于同意设立中国（杭州）跨境电子商务综合试验区的批复》中明确提到，开展跨境电商试点工作是为了破解跨境电子商务发展中的深层次矛盾和体制性难题，打造跨境电子商务完整的产业链和生态链，逐步形成一套适应和引领全球跨境电子商务发展的管理制度和规则，为推动全国跨境电子商务健康发展提供可复制、可推广的经验。

除了杭州外，国务院还分别于2016年1月、2018年8月和2019年12月共批准四批59个国家级跨境电商综合试验区，目前各地综合试验区建设工作在正积极推进中，形成了一批以杭州"六体系两平台"为代表的好经验和好做法。

此外，发展改革委、海关总署等部门2015年4月牵头启动了海峡两岸跨境电商综合实验区工作；海关总署牵头开展了跨境电商服务试点工作等多项跨境电商相关试点工作。此外，商务部等5部门于2016年9月开展了国家级外贸综合服务企业试点工作，各地方也认定了地方的外贸综合服务企业，如北京市出台了《关于印发〈北京市外贸综合服务企业试点工作实施方案〉的通知》；内蒙古自治区出台了《关于开展内蒙古自治区第一批外贸综合服务试点企业认定工作的通知》；佛山市出台了《佛山市商务局关于开展外贸综合服务企业培育对象（第二批）申报工作的通知》等。据不完全统计，全国共计20余个省和50余个地级城市开展了外贸综合服务试点企业的认定工作。以《厦门市商务局关于开展2018年度省级外贸综合服务（试点）企业申报的通知》为例，见表2-4。

表2-4　厦门市2018年度省级外贸综合服务（试点）企业申报条件

序号	申报条件
1	在福建省范围登记注册、具有独立法人资格和外贸经营者资格
2	已建立完善的线上外贸综合服务信息平台（以下简称"信息平台"），依托信息平台，代为办理包括报关报检、物流、退税、结算、信保等在内的综合服务业务和协助办理融资业务，并已产生一定效应

续表

序号	申报条件
3	2018年进出口业绩超过3000万美元（以海关统计数据为准）
4	服务中小微企业进出口业务100家及以上
5	以信息平台为依托，具有沉淀、积累全流程电子信息数据以及对数据进行运用、分析、追溯、风险防控的能力
6	严格遵守国家法律法规，近三年来企业在海关、税务、外管等部门无重大违法违规行为

资料来源：作者对厦门市商务局网站内容的整理。

2. 主要内容和特点

国家级跨境电商综合试验区试点工作的主要目标是探索形成适应跨境电商发展的政策制度和管理规范。以杭州综合试验区为例，杭州综合试验区成立后，实施了一系列优惠政策。同时，杭州综合试验区设立了线下综合园区，各园区结合自身定位，互为补充，形成了一套完整的跨境电商产业生态系统（张正荣、胡银云，2018）。为此，杭州综合试验区提出了两批创新清单，共计85条具体需求向各部门进行对接申请，包括了海关通关、检验检疫、税收政策、收结汇、支付结算、统计监测、金融支持等10余个领域，目的就是通过这些探索，逐步解决跨境电商持续发展的制约问题。当然，各城市基础条件不同，设定的目标不同，制定的建设任务清单也不同。如表2-5即为杭州、广州、成都、重庆等跨境电商综合试验区制定的建设任务。

表2-5　杭州、广州、成都、重庆等跨境电商综合试验区建设进展表

	杭州	广州	成都	重庆
发展目标	主要发展目标体现在物流通关、信息系统和金融服务三方面，实现传统"关""税""汇""检""商""物""融"一体化，线上一键操作和线下一个部门相结合	主要发展目标是打造亚太地区跨境电子商务中心城市构建具有"广州元素、中国特色"的跨境电子商务发展促进体系	主要发展目标是力争成为西部跨境电子商务创新驱动。依靠"丝绸之路经济带"辐射的各国，共同发展跨境电子商务	主要发展目标是通过一般进口、保税进口、一般出口和保税出口四种业务，提高海关对跨境贸易电子商务这一新型贸易方式的管理和服务水平

续表

	杭州	广州	成都	重庆
主要建设任务	建立信息、金融、物流、信用、监测、防控的共享体系	公共服务平台+园区建设+聚集产业链+国际监管标准	为大众创业、万众创新提供平台和支持;开设O2O体验店;探索建设西部产业运营模式创新中心;建设"丝绸之路经济带"国际物流中心	建立国际贸易"单一窗口"。按照"一点接入"信息实时交换共享原则,建立海关、检验检疫、外汇、税务、企业和国际贸易、仓储物流、交易支付、金融结算等信息交换共享机制
主要创新举措	实行"清单核放、集中纳税、代扣代缴"的通关模式;建立负面清单监管制度;鼓励第三方支付机构设置简单快捷的手续办理跨境外汇支付核结售汇业务;利用云计算、物联网、大数据等技术,为跨境电子商务业务提供实时、准确、完整的物流状态查询与跟踪服务	创新企业与商品准入制度,实行分类监管;创新海关监管模式,实现"批量申报、实时传输"功能;创新检验检疫监管模式,构建监管力度从严到松,速度由慢到快;创新税收征管模式和外汇监管制度	实现跨境电子商务进出口商品高效通过、出口退税、收付汇核结售汇;按照"一城多区、立体布局"的创新思路,规划新型产业载体;助力制造业、服务业和轻工业三大产业利用跨境电子商务创新外贸出口发展	1.创新海关监管服务,优化进出口申报、核放、纳税等流程 2.创新检验检疫监管服务 3.创新外汇收付核结汇管理服务 4.培育跨境电子商务产业聚集区,大力实施"互联网+产业"

资料来源:作者对胡籍尹(2019)相关文献内容的整理。

根据2016年国务院发布的《国务院关于促进外贸回稳向好的若干意见》第九条中:"开展并扩大跨境电子商务、市场采购贸易方式和外贸综合服务企业试点。支持企业建设一批出口产品'海外仓'和海外运营中心。总结中国(杭州)跨境电子商务综合试验区和市场采购贸易方式的经验,扩大试点范围,对试点地区符合监管条件的出口企业,如不能提供进项税发票,按规定实行增值税免征不退政策,并在发展中逐步规范和完善。"开展综服企业试点,将有利于推动监管模式创新、提高贸易便利化水平,有利于促进外贸稳增长、调结构。试点工作将针对综服企业特点,按照"稳妥推进、责权对称、风险可控"的原则,着力在创新监管方式等方面先行先试,通过制度创新、管理创新、服务创新和协同发展,逐步形成适应综服企业发展的管理模式,为推动综服企业健康发展提供可复制、可推广的经验。因此,可以看出,开展外贸综合服务企业试点,重点就是推进该行业的发展,同时注意把控业务发展的风险,最终推动行业发展与配套政策相适应,相互促进。

经过商务部等5个部门对各地推荐的上千家服务于外贸进出口的企业开展的全方位多轮评审,最终在全国范围内认定中建材国际贸易有限公司、宁波世贸通国际贸易有限公司、厦门嘉晟供应链股份有限公司及广东汇富控股集团股份有限公司4家企业作为首批试点企业。

其中,中建材国贸公司的特点是运用服务业新理念和供应链整合的跨境电商平台易单网,旨在为海外买家提供一站式采购方案,为中国生产企业提供综合出口解决方案。易单网的商业模式是"跨境电商+海外仓",即将国内商品批量出口到海外仓库,再从海外完成在当地的线上或线下销售(孙泠,2014)。

宁波世贸通公司的特点与易单网不同,更侧重于运用互联网平台服务出口企业客户的痛点,如退税、融资、客户信用管理、产品质量检测以及成熟的平台模式,因而提供了更低廉的服务费率和更全面的服务(庞星星等,2014)。

厦门嘉晟和广东汇富两家公司的特点主要是海关、税务、质检的评级高,服务客户数量大,年出口额也在全国名列前茅,属于较为典型的外贸综合服务企业,即代垫退税、代理报关,提供物流、仓储、融资等综合服务。

4家试点企业的情况,详见表2-6有关内容。

表2-6 首批外贸综合服务试点企业的情况

公司名称	业务平台	特点	优势
中建材国际贸易有限公司	易单网平台 www.okorder.com	提供一站式采购和综合出口解决方案	海外仓模式
宁波世贸通国际贸易有限公司	世贸通平台 http://www.shimaotong.com	专营出口,为出口企业提供退税、融资等服务	低费率服务全面
厦门嘉晟供应链股份有限公司	嘉易通平台 https://www.justeasy.com	兼营进出口,解决物流、资金和通关多种服务	渠道广客户质量高
广东汇富控股集团股份有限公司	汇富赢平台 www.wellfull.com.cn	多功能集成平台,重点解决 融资、通关服务	资金服务

资料来源:作者对商务部、亿邦动力网等网站及中建材等4家企业信息的汇总整理。

3. 关注点

经深入研究和调研发现，各项试点工作的关注点主要集中在三个方面：

一是探索新的政策突破口和配套政策体系。如各地在申报跨境电商综合试验区过程中，地方最主要的就是希望找出在税收优惠和征缴、商业模式、通关便利化（特点是公共服务平台信息化系统的运用）、金融支持以及一些没有明确规章和法律的领域的突破口，如保税进口商品线下自提的合法性。外贸综合服务企业试点中，企业最主要的关注点就是加快退税的审核速度，降低企业责任层级等。

二是抢夺行业发展的引领地位。各试点政策的共性之一，都是以制定国内乃至国际的行业标准，进而引领国内乃至国际规则为目标，包括探索建立行业统计方法，制定B2B行业标准，建立国际通用的平台模式等。这些工作都将带动未来行业的发展，特别是中国在该行业的引领方面起到至关重要的作用。

如经向杭州综合试验区走访调研，了解到杭州市于2016年4月即出台了《中国（杭州）跨境电子商务综合试验区跨境电子商务B2B出口业务认定标准、申报流程和便利化举措》，明确提出B2B业务的概念、认定标准、申报流程以及当地出台的便利化措施等具体内容。该文件是全国第一份关于B2B业务认定标准的文件，虽然并未完全被其他综合试验区接受，但其在全国仍引起较强的影响力和示范效应。

三是拉动当地经济发展。张晓东（2019）通过对杭州等35个跨境电商综合试验区城市发展情况，建立跨境电商系统与经济系统的耦合模型，得出结论：跨境电商系统的生存与发展较大地依赖于经济系统的持续性供给，同时跨境电商产业发展又可进一步促进整个经济系统的发展。包括各试点城市申请的支付牌照、税收特殊政策等，也都是希望行业发展的窗口期迅速拉动本地经济发展，培育新的经济和贸易增长点。

此外，通过综合试验区争取到的政策，如海关总署要求2015年5月起各地海关保持365天24小时的作业时间，2015年7月国家市场监督管理总局发布的16条支持综合试验区先行先试的新政策，以及2016年杭州成为全国唯一批准实行跨境电商零售出口"无票免税"的试点等（张正荣、胡银云，2018），都成为综合试验区给地方带来的实实在在的效益。

(六) 资金支持政策

跨境电商的发展离不开资金支持。本身互联网企业与资金的关系就非常紧密，在跨境电商企业的调查研究中，半数以上的企业都是通过外部融资来完成企业的持续经营，仅少数企业能利用启动资金和后续的盈利来完成企业的发展壮大。因而，企业对于各级政府和地方提供的资金支持政策，都表达了浓厚兴趣。政府为了推动企业发展，也出台了大量相关政策，其中主要包括：

国家部委层面，如财政部、商务部联合制定的《外经贸发展专项资金管理办法》，以及商务部每年下发的《某某年度外经贸发展专项资金重点工作的通知》，都会为跨境电商拨出专款额度。省级和地方政府也出台了配套政策，如为试点城市开展试点工作提供的专项资金。非试点地区为了吸引国内外优秀企业在当地开展经营活动，推动当地跨境电商产业发展，也往往会设定一些资金支持政策。当然，这些政策背后都需要申请企业符合一定条件，特别是完成当年的经营指标任务，如进出口额、纳税额等。

各级跨境电商资金政策各有侧重，也各有要求的标准和条件，以下是对利用中央资金和地方自有资金两类支持政策开展的研究。

1. 第一类：关于利用中央外贸发展资金的研究

财政部、商务部2014年联合出台的《外经贸发展专项资金管理办法》相关内容见表2-7。

表2-7 外经贸发展专项资金与跨境电商相关的规定

所在条款	内　容
第三条	外经贸发展专项资金的使用和管理应当遵循突出重点、科学论证、公平公正、规范有效的原则，并符合以下要求：……（三）坚持贸易政策与产业政策协调，有利于推动转变外贸发展方式，促进开放型经济转型升级
第六条	外经贸发展专项资金主要用于以下方向：……（二）促进优化贸易结构，发展服务贸易和技术贸易，培育以技术、品牌、质量和服务等为核心的国际竞争新优势

资料来源：作者对财政部网站相关内容的整理。

作为全国主管跨境电商的国务院部门，商务部自2015—2018年下发的《外经贸发展专项资金重点工作的通知》中，都明确提出将跨境电商作为鼓励地方使用的方向。

按照商务部等部门的要求，地方政府也专门下发关于使用外经贸专项资金的申报通知。如深圳市2018年下发的资金申请通知中指出：

根据财政部、商务部关于印发《外经贸发展专项资金管理办法》的通知（财企〔2014〕36号）、《国务院关于同意在天津等12个城市设立跨境电子商务综合试验区的批复》（国函〔2016〕17号）、《广东省人民政府关于印发中国（广州）、中国（深圳）跨境电子商务综合试验区实施方案的通知》（粤府函〔2016〕119号）、《深圳市经济贸易和信息化委员会、深圳市财政委员会关于印发〈中央外经贸发展专项资金跨境电子商务综合试验区服务体系建设扶持计划实施细则〉的通知》（深经贸信息生产字〔2016〕288号）以及《财政部、商务部关于2018年度外经贸发展专项资金重点工作的通知》（财行〔2018〕91号）等文件要求。深圳市经贸信息委下发了《关于组织实施2018年中央外经贸发展专项资金（跨境电商类）资助计划的通知》，该通知明确指出，深圳跨境电子商务综合试验区服务体系建设项目，重点支持以下四大类建设内容，详见表2-8。

表2-8 深圳跨境电子商务综合试验区支持范围

序号	名称	内容
1	跨境电子商务综合服务类项目	企业信用等级分类管理服务、商品质量监控服务、国际标准和知识产权认证服务、可信交易保障服务、跨境电子商务产品溯源服务、纠纷解决和法律援助服务、跨境电子商务会员企业和品牌产品管理推广服务、信息共享及大数据服务、电子合同管理服务、统计监测服务等
2	跨境电子商务公共服务平台类项目	跨境电子商务通关服务平台系统、综合服务平台系统、监管部门配套管理系统及监管设施的建设、优化、升级、改造、功能拓展、专业服务等
3	跨境电子商务供应链协同类项目	跨境供应链整体解决方案和服务创新、物流信息化系统建设、仓储管理的信息化系统及智能化设施建设、跨境电子商务通关节点管理系统和监管设施建设、产业园区跨境电子商务服务系统建设、外贸综合服务和金融服务解决方案等
4	跨境电子商务市场开拓创新类项目	跨境电子商务参与主体为扩大经营规模、提升服务水平、对接国际市场而开展的交易平台优化、技术创新、模式创新、营销体系建设、标准认证等

资料来源：作者对深圳市经济贸易信息化委员会网站有关内容的整理。

2016年，深圳市经济贸易和信息化委员会、深圳市财政委员会还联合印发了《中央外贸发展专项资金跨境电子商务综合试验区服务体系建设扶持计划实施细则的通知》(深经贸信息生产字〔2016〕288号),对通过中央外贸发展资金支持深圳市跨境电商综合试验区建设提出明确方案。

经过向威海、成都、郑州、杭州、宁波等跨境电商综合试验区城市调研了解到,这些地方和深圳的运作方式基本相同,也都以中央外贸发展资金作为重要的资金来源,制定了具体的配套实施细则,支持当地跨境电商发展。

2. 第二类:关于地方利用自有资金支持跨境电商的研究

各地运用自有财政资金支持跨境电商发展的情况也很多,以义乌市政府2018年出台的政策为例:

2018年8月,义乌市出台了《义乌市人民政府关于印发促进商贸业高质量发展的若干意见(试行)的通知》(义政发〔2018〕57号),其中,对于跨境电商的支持提出明确条款,见表2-9。

表2-9 义乌市跨境电商支持政策

所在条款	内容
第7条	对跨境电商保税进口、直购进口的,年销售额首次达到700万元、1400万元、3500万元、7000万元、3.5亿元、7亿元以上的企业,分别给予2万元、4万元、10万元、20万元、100万元、200万元的一次性奖励
第16条	鼓励国内外知名电商平台建设义乌进口商品专区。专区年销售总额超过5000万元的,给予运营主体入驻专区企业当年度在线销售总额1%的补助,每年最高不超过100万元,连补三年(第二、三年销售总额须同比增长30%以上)
第25条	积极招引市外标杆电商企业。交易额超20亿元的知名第三方电子商务平台或垂直类电商平台,总部入驻义乌或在义乌设立省级以上区域运营中心的,自交易额首次达到2亿元之日起,二年内(次年交易额增长不低于20%)按实际使用的有效面积(办公、仓储等场所)给予80%的房租补助,每家每年不超过400万元。销售额超5亿元的知名第三方电子商务平台上的销售企业,总部入驻义乌或在义乌设立全资子公司的,自销售额首次达到5000万元之日起,二年内(次年销售额增长不低于30%)按实际使用的有效面积(办公、仓储等场所)给予80%的房租补助,每家每年不超过200万元。销售额超1亿元的知名第三方电子商务平台上的销售企业,总部入驻义乌或在义乌设立全资子公司的,自销售额首次达到1000万元之日起,二年内(次年销售额增长不低于50%)按实际使用的有效面积(办公、仓储等场所)给予80%的房租补助,每年不超过80万元。以上3款房租指剔除业主方减免或补助后的实际交纳房租

资料来源:作者对义乌市商务局提供资料的整理。

其他地区，如郑州、重庆、威海、成都等多个地方政府也都出台了类似政策。如郑州对往返郑州运送跨境电商进口商品的航班予以每天每班次1万元补贴，对于通过河南保税物流中心通关的商品予以每件1元补贴；对入驻园区企业前三年给予仓库租金优惠；等等，都成为鼓励和吸引企业来郑州开展业务，设立区域业务中心的重要抓手。如小红书、聚美优品2015年在郑州的业务规模分别达到10亿元和30亿元，占两家公司全国业务量比重的70%以上。

3. 关注点

企业关注资金政策，主要在于三个方面：一是支持力度，即享受资金的规模，特别是入驻时一次性获取的资金规模，如2014—2015年，部分城市会对企业完成当地注册即提供总补贴一半以上的资金支持，待实现承诺经营目标，再兑现其余补贴；二是对等的条款，即要求企业必须履行的责任，包括纳税规模、就业人数、投资强度，特别是要求在满足何种条件基础上，才能按阶段获得资金补贴；三是当地是否确实具备持续发展的条件。

调研中，笔者了解到国内不少电商企业为获取补贴，全国广泛撒网的情况。如国内某知名跨境电商企业为申请各地方补贴，2016—2017年在全国设立多达20余个分支机构，但后续的业务规模却未达到当地政府的要求，最终双方的合作不欢而散，这种情况在跨境电商领域不在少数。而事实证明，跨境电商企业这种经营模式并未给地方发展带来积极作用和影响，相反，在一定程度上打消了地方开展跨境电商业务的积极性。

（七）其他政策

1. 知识产权保护政策

跨境电商与知识产权关系尤为密切。在跨境电商领域知识产权纠纷层出不穷，不仅涉及简单的假冒和盗版问题，如销售仿冒产品，还涉及需经司法机构裁决的争议较大的疑难问题，如平行进口问题、知识产权责任认定等问题。

2010年修订的、由国务院出台的《中华人民共和国知识产权海关保护条例》明确要求，海关对与进出口货物有关并受中华人民共和国法律和行政法规保护的商标专用权、著作权和与著作权有关的权利、专利权等知识产权实施保护。湛远知（2016）提出，总体上跨境电商知识产权方面仍存在一些问题，还没有相关法律法规，尤其体现在立法缺位、法制空白、标准不统一、"第三方商品与服务交易平台"的责任规制问题无明确规定等方面。此外，还有知识产权权利人商业策略的应用问题，比如利用诉讼进行知识产权管理等情况(郑鲁英，2017)。

为此，政府部门开展了大量工作，不断完善知识产权保护政策体系，推动跨境电商健康发展。尤其是海关部门已经积极推动跨境电商领域开展知识产权保护，促使中国知识产权保护意识不断提升，专利授权量、商标申请等已连续多年位居世界第一。但从现状看，知识产权侵权现象仍比较严重，中小跨境电商知识产权治理水平不足，中国跨境电商企业的知识产权管理水平不高，应对知识产权风险的能力不足(陆黎梅，2019)。电商平台的知识产权关系，涉及知识产权权利人、许可人、被许可人、使用者和最终使用者等多个主体，而平台、买家与卖家则分别充当了不同过程中的角色。在不同的交易过程中，知识产权关系也不一样，导致维权难度增加，见图2-2。

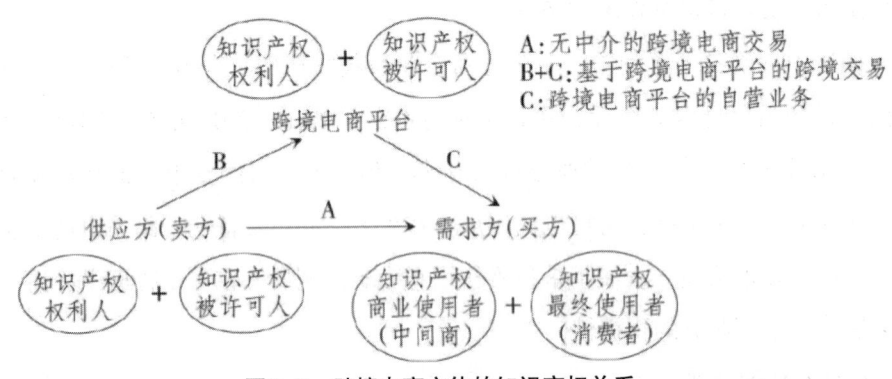

图2-2 跨境电商主体的知识产权关系
资料来源：作者对郑鲁英(2017)文献内容的整理。

2019年1月1日开始实施的《中华人民共和国电子商务法》在第五条中，对如何加强知识产权保护提出了明确要求。但从国际社会对知识产权的重视程度和不断完善的政策体系来看，未来，如何继续加强跨境电商领域知识产权保护，仍是中国政府部门和企业都应共同做好的工作。

2. 消费者权益保护政策

对消费者权益的保护政策是规范跨境电商企业经营活动的重要制度。《中华人民共和国电子商务法》对保护消费者权益有明确规定，包括第十八条、第三十二条和第五十八条。

第十八条：电子商务经营者……应当同时向该消费者提供不针对其个人特征的选项，尊重和平等保护消费者合法权益……

第三十二条：电子商务平台经营者应当……明确进入和退出平台、商品和服务质量保障、消费者权益保护、个人信息保护等方面的权利和义务。

第五十八条：国家鼓励电子商务平台经营者建立有利于电子商务发展和消费者权益保护的商品、服务质量担保机制……消费者要求电子商务平台经营者承担先行赔偿责任以及电子商务平台经营者赔偿后向平台内经营者的追偿，适用《中华人民共和国消费者权益保护法》的有关规定。

但必须承认，截至目前，中国仍然未出台对跨境电商消费者权益保护的专门性规定，相关法律也还不够完善，对跨境电商消费者的权益保护不够具体，导致中国跨境电商消费者维权难，同时也不利于中国跨境电商的健康发展（徐希、邹辉鸿、周凌轲，2019）。

综上，关于跨境电商配套的政策制度还有很多，如外汇政策，如2013年国家外汇局出台的《支付机构跨境电子商务外汇支付业务试点指导意见》，国家邮政局、商务部、海关总署联合于2019年出台的《关于促进跨境电子商务寄递服务高质量发展的若干意见（暂行）》（国邮发〔2019〕17号），以及与电子商务和跨境贸易相关的支付结算、商贸流通、电子签名、市场规范、诚信体系、工商管理等领域的政策规章等。

三、关于中国跨境电商政策环境存在缺失问题的研究

中国跨境电商快速发展，给传统产业带来了新的发展机会，推动国际贸易发展进入了新的阶段。但中国跨境电商政策环境也存在明显的缺失，比如统计问题、各地标准不统一问题、国家宏观政策与地方发展之间不对接问题、企业部分漏税和走私等行为没有引起足够重视问题等。以下就是围绕中国跨境电商政策存在的问题开展的研究，目的是分析和归纳中国跨境电商发展环境中缺少的政策和不完善的配套制度，以及其对行业发展的影响。

（一）关于统计问题的研究

统计问题可以说是跨境电商领域面临的最突出问题之一，成为制约进一步完善跨境电商制度框架的重要阻碍（周勍等，2019）。通过走访和调查研究，业内普遍认为该问题的突出影响有三方面：一是没有准确的跨境电商统计数据，就没有办法通过量化的方式去分析行业发展趋势，寻找解决问题的办法。二是缺少统计数据作支撑，也无法明确跨境电商的具体的边界和内涵。三是跨境电商统计没有统一的标准，中国各地的先进发展经验就无法复制和推广。

2013年起，笔者在各地开展调研过程中，多次遇到企业和地方政府对跨境电商的规模和统计方法产生质疑。主要有三方面：

第一，北京、河南、黑龙江、广东、辽宁、湖北等地政府部门质疑：当前跨境电商规模到底有多大？

第二，企业代表和杭州、郑州、大连等跨境电商综合试验区提出：应该听取哪个部门的数据？

第三，几乎所有跨境电商综合试验区和省级商务主管部门负责人提出：各地应当如何开展自己的统计工作？

基于上述问题，对跨境电商统计工作的现状和如何改进统计工作开展系统研究，得出如下分析结论：

1. 现有统计方法的种类和优缺点

关于跨境电商规模统计的争议持续不断。客观来说，目前各方发布的统计数据还不能准确、真实地反映出行业发展的实际情况。因此，对跨境电商开展标准化统计一直都是个国际难题。要想了解跨境电商的真实规模，需要建立一套科学、可行的统计方法。从主流统计数据来看，海关、商务和统计等政府部门，跨境电商试点城市以及部分商业研究机构都对跨境电商做过统计。

（1）海关总署

随着跨境电商的发展，为方便企业通关、规范海关管理、实施海关统计，海关先后增列了"9610""1210"以及"1239"代码，并根据不同代码，对报关进出口的商品按报关金额予以汇总统计。

"9610"对应一般进出口监管代码，"1210"和"1239"对应保税进出口监管代码。"9610"监管方式下，允许备案后的企业可以在三单一致（订单、支付单和运单）的情况下集中申报，采用"清单核放、汇总申报"模式办理通关手续。"1210"监管方式适用于在海关特殊监管区域（综合保税区和B型保税物流中心）内开展保税备货进出口业务。"1239"监管方式适用于通过海关特殊监管区域，但未批准开展保税进出口业务的地区采用直购方式报关的商品。根据商务部等部门发布的《关于扩大跨境电商零售进口试点的通知》（商财发〔2020〕15号），自2020年，保税进出口模式将复制到中国87个城市和地区，这意味着保税模式将在中国普遍适用。据海关统计，2019年，通过中国海关验放的跨境电商零售进出口规模已达1862.1亿元人民币，同比增幅达到38.3%。

海关统计主要是纳入了按照"三单比对"方式进出境邮包、快件，这种统计方法的前提是企业愿意主动与海关系统对接。对于灰色报关的B2C和C2C业务，特别是通过海淘、代购等方式购买的境外商品，以及采用一般贸易方式报关进出境的B2C业务无法采取有效方式统计出来。据统计，仅2014年中国国际邮包数量就达到6亿件，给监管和统计工作带来了巨大挑战。同时，对于外贸综合服务等B2B业务，也没有将其明确列入统计范畴，造成统计数据不能反映出行业发展的实际状况。

（2）国家统计局和商务部

目前，统计局没有制定，也没有对外公布跨境电商交易规模统计办法，所以暂无法提供相关统计数据。商务部给出的跨境电商统计数据，是通过搜集可获取的平台数据，结合跨境电商发展现状、经济现状和未来发展趋势，由相关领域的专家按照厂商比例测算法、包裹测算法以及跨境电商占比和电商渗透率等方法推测得出，后续又借鉴了敦煌网、网易和有关高校研究报告的结论。这种方法与海关的统计方法存在本质差异。事实上，自2017年后，商务部即不再公布单独估算的跨境电商规模，而是以海关验放的统计规模为准。

商务部的统计数据虽然可以在一定程度上反映跨境电商的发展程度和规模，但由于涵盖的模式局限于零售部分，并且抽样企业具有一定随意性。对于跨境电商活跃度最高的广东地区接受抽样的企业并不多，因此，这种方法还不能完整、全面地反映中国跨境电商的整体规模。

（3）跨境电商综合试验区

国务院已经批准在中国59个城市开展跨境电商综合试点。其中，电商统计方法是杭州为中国其他试点城市探索出的先进经验之一。目前，杭州综合试验区主要的方法是以杭州海关9610和1210监管体系统计的B2C业务，加上对接试验区公共服务平台的外贸综合服务企业上传的B2B业务数据。其中，这些数据还应在海关进出口报关单上加注DS标识。除杭州外，其他试点城市的统计方法基本相同，但也存在一定差异，这主要由于国家鼓励制度创新和各试验区注册的试点企业类型不同导致。

作为国务院批准开展的国家级试点，目的就是探索新制度、新方法，同时全面、客观地反映试点地区跨境电商的发展水平。但现在的统计方法还存在一些问题：一是试点四年多来，在数据统计方面还没有形成标准统一的方法，各地对外通报的统计数据差异较大；二是对于行业普遍存在的灰关现象和邮包、快件申报金额与实际不符的问题没有探索出好的解决办法；三是B2B业务模式较为单一，只是从技术上统计了一类或几类企业的数据，对于交易后阶段提供服务的企业所做的贡献，没有很好地体现出来。

（4）商业研究机构

自2014年起，很多商业研究机构就给出了数万亿元人民币的跨境电商规模和年均30%以上增速的数据。这些数据根据企业抽样为基础推算得出，涵盖所有交易各阶段跨境电商相关企业的业务数据。事实上，这种方法的统计结果与海关、商务等机构的统计规模存在巨大差异。同时，即便同一家商业研究机构也经常给出不同的预测规模。

商业研究机构统计的跨境电商规模大多有以下特点：一是缺少客观依据，不具有较强的说服力；二是缺少法律约束力，不用为数据真实性水平承担法律和经济责任；三是商业机构统计数据通常带有一定商业目的，包括引起投资人关注、吸引市场资金、倒逼政府出台配套政策等，因此具有一定主观性。

2. 关于改进跨境电商统计方法的研究

鉴于当前跨境电商统计中存在的缺陷和不足，综合调研过程中商务部、统计局、海关以及相关跨境电商综合试验区等各方提出的意见和建议，本书提出了改进跨境电商统计方法的初步思路。首先，是明确统计的对象和范畴。跨境电商统计应从不同维度开展，一定要指出明确范畴，再有针对性地开展客观全面的统计。

（1）明确范畴

鉴于跨境电商分交易前、交易中和交易后三个阶段。其中，交易前阶段，交易双方只是通过提供贸易信息和贸易机会的第三方平台进行沟通、交流和磋商，该阶段不会产生交易数据，因此无统计必要。对于交易中阶段，买卖双方通过跨境网上交易平台达成，因此该阶段的交易数据可以比较容易地通过第三方和自营电商平台获取，且能保证数据的真实性和可靠性，是统计重点。对于交易后阶段，进出口双方需要与各个监管部门进行电子化单证和数据交换，完成货物和货款的交付，这种外贸综合服务运用互联网方式提升了国际贸易效率，成为跨境电商统计的新内容。

因此，应从广义和狭义两个层面进行统计。狭义层面统计范畴为交易中阶段，主要是零售进出口的部分，既包括海关验放的部分，还有未接受监管，但通过平台完成在线交易的部分。广义的统计范畴，应包括外贸综合服务平台在内各种互联网技术在外贸领域应用场景的贸易数据。很多情况下，企业会根据国内国际政策变化而调整报关方式和申报金额，这些情况也要充分考虑在内。

（2）改进建议

前文所述统计方法分别从政府监管、行业发展等不同维度开展，具有很强的适用性和针对性。但总体来说，政府统计的数据不够全面，商业机构发布的数据不够严谨。建议从以下层面改进现有统计方法：

一是增强统计权威性，减少数出多门。建议分为官方数据和研究机构数据。官方数据最多两个层面，一是监管部门数据，二是国家试点城市数据。监管部门数据主要是海关数据，但应对跨境零售数据做出更全面的统计，特别是涵盖以寄递方式出入境的商品数据。对于外贸综合服务平台和其他交易后阶段产生的业态，应适应行业发展实际和特点，适时调整统计范畴。国家试点数据主要是现有中国59个跨境电商综合试验区数据，可由每个试点城市自行发布，也可由商务部门统一对外发布。对于研究机构数据，建议说清统计原理、逻辑性和数据来源。对于不能说清来源的数据，海关和商务部门应公开通报，禁止使用。

二是扩大数据覆盖面，全面反映情况。跨境电商反映的是互联网技术在外贸领域的应用，形式多样，内容丰富，不应局限在零售部分，更不应聚集在媒体宣传的进口消费品方面。目前欠缺的部分主要是未申报的B2C寄递物品部分(交易中)和未与海关对接的B2B外贸供应链综合服务部分(交易后)。只有把这些数据都纳入统计，才能全面客观地反映行业发展的真实水平。

三是改进统计方法，提高科学水平。海关统计方面，要求"三单"比对客观上有利于加强对企业的监管，增强合规性，但也对企业造成负担，增加企业的工作量和人员支出。可按照一般贸易总体核销的方式，简化流程和统计类别，要求企业在定期上报平台成交数据的基础上，实行"部门监管、清单比对、总量核销"，确保单量、金额、商品品类基本一致。这样既便于管理，也可提升企业接受监管的意愿。对于外贸综合服务平台，在根本上不同于传统贸易，有助于适应普惠贸易需求。建议按照强制和自愿相结合原则，对于符合条件的外贸综合服务企业在填写报关单时，将自身归为DS或外贸综合服务类别，随即享受通关便利化，吸引企业自觉接受监管。此外，可由海关定期与邮政、外汇部门做数据对比，以修正统计数据的偏差。

对于试点城市的数据统计，应着重强化当地传统企业通过跨境电商各项扶持措施取得的增量情况，可通过问卷等方式向当地重点企业做调查，获取数据信息和案例经验，突出跨境电商对当地经济增长的贡献。但是通过函调、问卷等方式向各类跨境电商企业获取数据存在随意性，有的企业由于数据统一管理，在各地的分公司很可能将数据重复统计，影响数据的真实性。即便是企业主动申报，由于企业对自身数据与监管政策不完全一致，加上有些地方部门对企业培训、沟通不足，也会影响获取数据的合规性。

此外，试点城市的统计工作，对以寄递方式进出境商品也探索出有效的统计方法。很多卖家利用相关部门对网络交易监管不到位的漏洞进行避税，其中，很多寄递物品实际价值和申报金额不符，存在较多低报的现象。但试点城市的统计工作要尽量避免对中国总体形势做预测，因为各地关注点不同，统计口径也不同，可能引发新的争议。建议统计表如下（详见表2-10）：

表 2-10　某地跨境电商统计数据表（以出口为例）

试点企业数量		试点企业贸易额		同比增幅		占全市出口占比	
B2C	B2B	B2C	B2B	B2C	B2B	B2C	B2B
B2C增长亮点和模式介绍				B2B增长亮点和模式介绍			

资料来源：作者对上述研究的整理。

对于商业研究机构，应以行业动态为主，数据发布为辅。建议商业研究机构能以问卷调查、案例分析等方式对行业发展做出预测和判断，而非简单地以列表、图形等形式发布纯粹以数据为基础的行业分析。

3. 建议方法的局限性

（1）无法统一认识

各综合试验区在新模式、新业态的认识上还有不同，导致统计标准不统一，统计数据也会存在较大差异。在国际上，跨境电商统计也是崭新课题，尚无公认的标准和口径。《世界海关组织跨境电商标准框架》对跨境电商的研究主要停留在 B2C 和 C2C 部分，没有建立权威的定义和明确的范围。

（2）存在漏统和重复统计

对于关注度较高的 B2C 和 C2C 部分，不仅包括接受监管，由海关验放的部分，也包括以寄递方式进出境的部分。由于税收等原因，很多寄递物品实际价值和申报金额不符，存在很多低报的现象。此外，还有通过平台成交，但以拼箱、海外仓等方式按一般贸易方式报关出口的情况，这部分已经统计到外贸数据中。这些情况无法全部规避，对掌握行业真实情况影响究竟有多大，目前还没有准确判断。

（3）获取有效数据存在难度

除了接受海外监管验放的部分数据比较容易获取外，通过函调、问卷等方式向各类跨境电商企业获取数据都存在随意性。有的企业由于数据统一管理，在各地的分公司很可能将数据重复统计，影响数据真实性。即便是企业主动申报，由于企业对自身数据与监管政策不完全一致，加上有些地方部门对企业培训、沟通不足，也会给获取数据带来影响。

（二）关于各地各部门协同和监管标准不统一问题的研究

经过走访调研，企业普遍反映各地存在监管部门之间协同性不强、监管尺度不一的问题，导致企业通关过程中遇到货物无法通关、被罚没等无法预料的困难。分别体现在以下方面：

一是海关通关便利化程度不一。据企业反映，各地海关执法尺度不同，部分海关从严执行，部分海关尺度较宽松。具体来说，上海海关、深圳海关等关区较严格，宁波海关、郑州海关、广州海关等关区相对较松。这不仅体现在到港货物的清关时间，也体现在可清关商品的范围上。因此，在实际操作中，部分企业的货物即便从上海港进关，也要货物用保税车辆拉到宁波等关区办理通关手续。

二是对探索政策创新力度不同。如海关总署在原则上禁止的零售进口商品线下自提模式，部分海关很早就开始自行试点，并探索出一套管理和执行体系。如郑州海关2017年即启动保税区外的线下自提业务。杭州、上海等关区则对该模式讳莫如深，不敢挑战监管红线。此外，在B2B认定标准和统计口径上，部分关区也有别于国家提倡的杭州模式以外贸综合服务业务为主的B2B模式。如宁波、郑州的B2B业务与杭州综合试验区B2B模式几乎不同。这也从侧面体现出各地监管部门对创新的理解不同。

三是部门协同节奏不同。如在国务院推广的跨境电商"单一窗口"平台使用上，各部门工作进度就表现出较大差异。2015年上半年，杭州海关在海关总署指导下开发运营平台，按照要求需要各监管部门及时对接数据端口，但当年仅外汇局成功接入。后经过杭州综合试验区多方推动，质检与税务部门才相继完成端口对接，但时间大大落后于国务院批准设立杭州综合试验区的时间。类似的情况，在其他综合试验区也普遍存在。

（三）关于企业税收征管问题的研究

对于跨境电商产业的发展，绝大部分的争议都在税收上。可以说，税收问题是跨境电商企业最关注的问题（蔡磊，2018；黄议苇等，2019）。上述研究提到，一方面是国内的税收征管问题，如跨境电商零售进口模式的优惠税率、零售出口模式的退免税和所得税政策、外贸综合服务的涉嫌骗退税责任认定等，对于跨境电商企业而言几乎是重中之重，关乎企业能否生存和持续发展；另一方面是对于国际税收问题，特别是国际规避是否合理的争议，也一直在持续。

对于现行税收制度和法律，由于现行纳税政策主要服务于传统贸易，并不完全适用于电子商务，因而，随着电子商务不断发展，必然对现行税制构成一定挑战 (王新怡等，2019)。海关都以纸质票据作为计税依据，而跨境电商具有无纸化特性，导致商品完税价格难以确定 (靳甜甜，2018)。跨境电商通过计算机网络数据进行跨国界商品交易，无须在其他国家境内建立常设机构，导致税收来源地管辖权原则受到冲击 (左玉娇，2018)。同时，跨境电商交易具有虚拟性特点，加上运用各种避税手段，造成国家所得税收入流失。

研究中，有专家称，电子商务活动的无址化、无纸化、无形化、无界化从客观上造成了电子商务活动中容易发生偷税、漏税的行为 (罗乾章，2006)。目前很多的电子商务活动主体如很多网上店铺并没有办理相关的证件，如营业执照、税务登记证等，导致税收征管部门在确定纳税主体时存在困难。加上税务登记不健全、纳税申报不完善、完税价格难确定和缺乏政策法律依据等原因，造成政府很难对网络海外代购征税 (张宇康，2016)。

中国的跨境电商税收尺度究竟应当如何把握，应当成为政府和学界都关注的重点。税收监管如何既能保证国内不同交易方式之间税制和税负大致相同，又能鼓励企业发展，推动新技术和新模式的推广和应用，是国内相关部门必须认真解决的问题，否则就会形成政策洼地。另外，尽可能与国外税制接轨，以遵守国际法为前提，避免重复征税，又确保本土企业获得更大的政策支持。这也是当前中国跨境电商政策环境中的突出问题之一。

四、关于国外跨境电商政策环境研究

国外跨境电商的政策环境，分为国际政策规则和各经济体政策规则两个层面。国际规则方面，以世界海关组织为代表，主要体现在2018年7月出版的《世界海关组织跨境电商标准框架》。各国层面，欧美等发达国家相对中国而言具有起步早、政策体系更为完善等特点，主要体现在监管体系和规则制定两个层面。

（一）关于国际规则研究

1. 世界海关组织跨境电商规则（简称 WCO)

2017年10月，中国海关成为新任世界海关组织跨境电商工作组主席，同时，接受世界海关组织委托，负责牵头草拟《世界海关组织跨境电商标准框架》的工作任务。2018年2月9日，首届世界海关跨境电商大会在北京召开，大会讨论了由中国海关参与制定的《世界海关组织跨境电商标准框架》，并于2018年6月经世界海关组织审议通过后对外发布。《世界海关组织跨境电商标准框架》主要包括（1）概述；（2）目标、原则和立法；（3）实施战略、监督、益处和能力建设；（4）跨境电商的管理：关键原则和标准等四个部分。

其中，关于跨境电商的特征，世界海关组织概括为：

（1）在线下单、在线销售、在线沟通以及网上支付（如果可行）；

（2）跨境交易和交付；

（3）有实际物品；

（4）实际物品被交付运往消费者或购买者（商业目的或非商业目的均可）。

跨境框架制定的标准主要适用于 B2C 和 C2C 交易。同时，仍然鼓励各 WCO 成员把这个框架的原则和标准也应用于 B2B 交易。

世界海关组织将致力于引领和实现世界海关系统的通关便利化，有利于加快全球跨境电商的发展和推动全球统一的规则制定。但不难看出，世界海关组织的重点是在 B2C 和 C2C 领域，对于中国政府鼓励和倡导的"以 B2B 为主，B2C 为辅"的总体思路存在较大差别。因此，可以更多地把《世界海关组织跨境电商标准框架》理解为解决部分跨境电商通关技术层面的政策，而非总体政策。

2. 经济合作与发展组织的规则（简称 OECD）

经济合作与发展组织对于电子商务的关注由来已久。1998年即发布了《全球电子商务行动计划》，提出在全球范围内建立涉及国际组织、工商界、劳工界、消费者和公众利益团体在内的推动全球电子商务发展的具体工作任务。

2018年5月，OECD 又发布关于"电子商务消费者保护"有关原则框架，从电子商务发展演化、电子商务消费者保护基本原则、电子商务消费者保护监管框架及政策制定等方面为各国政策制定者指明方向。其中包括：一是有关公平交易和良性宣传的惯例；二是合适的公司披露；三是有效的交易确认和支付流程；四是隐私和安全风险的解决措施；五是跨电子商务供应链的产品安全性；六是有效争端解决机制的合理获得。

另外，关于税收问题，经济合作与发展组织（OECD）是较早关注并提出规则的国际组织之一。经济合作与发展组织在1997年芬兰会议达成内部共识：任何税收均应确保税收的合理分配，应避免重复征税；政府与企业应该共同致力于解决税收问题；国际应该加强合作解决电商税收问题；税收不应成为电子商务正常发展的障碍，以及拒绝使用比特币等内容。经济合作与发展组织1998年再次指出，电子商务应遵循高效、中立、简化、明确、公平和灵活的原则；2004年提出不能急于对电商征税，同时有关税收管辖权的归属也应与发展中国家的切实利益结合起来考虑。2013年，经济合作与发展组织《税基侵蚀和利润转移行动计划(包含行动计划1——数字经济)》对外发布(蔡磊，2018)。

除此以外，世界贸易组织(WTO)、世界银行(WB)等组织和机构也高度重视电子商务发展，特别是对于数字贸易规则展开了深入细致的探讨。

（二）关于欧美监管体系的研究

欧美对跨境电商较早形成了较为固定的监管体系。在关于进境商品监管方面，欧盟、美国等并不区分个人物品和货物，而是通过货值高低区分监管。

1. 美国

在监管体系上，美国海关更关注跨境电商在贸易安全方面、知识产权领域的风险。同时，美国将线上商品以货值为标准，划分为三个等级，规定了不同的监管方式，实现低额商品快速通关放行、中间值商品简易申报、高价值商品正规申报等分类处理的监管政策。对2500美元以下的非违禁品，向海关和边境保护局(CBP)采取非正式申报，200美元以下商品无须申报，超过2500美元的需由进口商或代理商正式申报。

支付方面，美国对第三方支付监管有六方面规定：一是将第三方支付机构界定为货币服务机构，必须进行登记注册；二是对第三方支付平台实行功能性监管，监管重点在交易过程，而不是从事第三方支付的机构；三是采用立体监管体制，对支付服务的监管与约束来自联邦与州两个层面；四是通过美国联邦存款保险公司进行监管；五是通过现有法规作为监管依据，而并没有专门制定配套的法律法规；六是第三方支付机构需接受联邦和州两级反洗钱监管，保存所有交易记录等。

知识产权方面，美国知识产权保护也属于监管内容，并且尤为严格。如在搜索关键字时，根据相关案例显示，对于被投诉商品，其销售网页将被彻底删除。对于受到客户投诉的商家，PAYPAL账户将直接被封，并长期冻结资金。

税收方面，美国在全球最先实现线上免税，并提出各国对网上交易免关税的主张。1997年美国与欧盟共同发表宣言，达成原则协议，承诺建立《无关税电子空间》。1998年，美国国会通过了《因特网免税法案》，该法案明确"信息不应该被课税"。2014年7月，美国国会通过"永久性互联网免税法"，提出了网上交易最新的税收监管优惠。

2. 欧盟

监管方面，欧盟对个人从境外邮购的商品，对150欧元以下的商品免关税。

价值在150欧元以上的，按规定税率征收关税，其中，税基为商品价值与增值税的总额；报关单申报价值应与提供的发票金额一致，否则补交关税和增值税。对通过网购的商品，按规定征收增值税。其中，不论网购平台是欧盟网站还是国外网站，都一律征收20%增值税，并由购买者缴税。

（三）关于各国规则制度的研究

1. 美国

美国的电子商务法律体系比较完善，包括《互联网商务标准》《电子签名法》《网上电子支付安全标准》和《互联网保护个人隐私法案》等具体法规。美国还提出《全球电子商务纲要》，确定跨境电商的基本原则，包括互联网独特性质、企业主导、政府规避不恰当限制、政策可预测和全球视野原则等内容。美国还将该纲要推广到世界贸易组织《关于电子商务的宣言》和经济合作与发展组织《全球电子商务行动计划》中。

政策体系上，美国的《全球电子商务框架》报告中，对发展电子商务的关税、电子支付、安全性、隐私保护、基础设施、知识产权保护等进行了规范，明确了美国对于无形商品或网上服务等经由网上进行的交易一律免税，对有形商品的网上交易，其税赋应比照现行规定办理。这些准则成为美国制定跨境电子商务政策的依据。

2. 欧盟

1997年4月，欧盟发布了《电子商务行动方案》，明确了以信息基础设施、管理框架、技术和服务等方面为主要内容的框架，认为电商制度体系必须与其在WTO框架下的承诺相一致。1999年12月，欧盟出台了《电子签名指令》，用以规范协调各成员国间的电子签名。根据技术的安全级别，对不同的法律证据的效力方面做了区分。2000年5月，欧盟的《电子商务指令》对开放电子商务市场、电子交易、电子商务服务提供者责任等核心问题再次做了更加全面的要求。

3. 日本

2000年6月，日本推出了《数字化日本之发端行动纲领》，目的是克服在语言、司法管辖、适用法律等方面的障碍，草拟出适宜跨国电子商务格式合同文本，允许其独立于司法之外，便捷地处理交易纠纷。根据企业倡议，日本国际经贸部与私营机构合作，推行电子商务促进方案。日本还发起"计算机辅助后勤补给计划"（CALS），鼓励从研发部门到生产部门之间实现数字化。

此外，日本政府官方将电子商务分为客户电子商务（服务供应商与客户）和公司电子商务（服务供应商之间）两大类，并由政府拨出专款扶持电商企业和具有创新性的重点项目开发。

（四）关于国际环境影响

国际环境变化对跨境电商的影响主要体现为税收政策和通关政策的调整。同时，随着以中美贸易摩擦为代表的国际贸易争端频发，导致中国跨境电商面临了具有诸多不确定性的国际发展环境。

一是税收政策调整。自2014年起，随着中国跨境电商出口的激增，来自俄罗斯、巴西、美国、澳大利亚、欧盟的税收政策就开始逐步收紧，降低了征税的起征点，提升了税收征收范围和税率。2019年7月，印度税务部门更是对中国电商平台销售商品征收最高50%税收，具体是将征收的IGST（Integrated GST 跨邦消费税）和关税将包含在价格中，由买家买单。这一措施对中国跨境电商出口将带来较大影响，导致中国出口商品的价格优势大幅下降。据了解，高峰时期，每天约有 20 万件中国产品被运往印度，随着政策的冲击，中国电商平台进口货物的数据不断下降。

二是通关时间延长。此外，提高查验率以及降低通关效率也成为多国应对跨境电商商品进境的"利器"。据企业反映，2016 年巴西开始对中国出口巴西的邮件、快递进行干涉，寄递物品的通关时间由最初的 30 天提高到 90 天至 180 天不等。这些政策的变化，都对中国跨境电商出口竞争力和给用户带来的消费体验有非常显著的影响。

此外，从 2018 年 9 月美国方面单方向中国输美的 3000 亿美元商品加征 15%关税开始，诸多中国行业产品出口受阻，加上美国等国家主动退出万国邮政联盟，中国跨境电商企业面临的国际形势变得日趋复杂。虽然具体的影响程度还要视最终中美两国政府达成的协议情况来定，但很多跨境电商企业开始布局海外市场，已经表明跨境电商企业为应对形势变化主动求变的思路，即通过改变商品原产地和选择替代市场等方式来规避美方加征关税的影响。

第三章　跨境电子商务概述

一、跨境电子商务基本概念

（一）跨境电子商务定义

互联网是一种通信技术，对社会各领域各层次都产生了巨大的影响。电子商务公司是"从一开始就从事电子商务并从使用驻留在商业协作联盟的虚拟网络中的网络资源中获得显著竞争优势的组织"。根据联合国贸发会议的定义，电子商务指通过互联网和计算机进行的购买和交易，支付和运输可以在线上，也可以在线下完成。

电子商务公司的成功基于网络对每个成员的价值与其他网络用户的数量成正比，因此，随着互联网访问者数量的增加，公司网站的价值也会增加（罗嘉燕、洪锦端，2019）。

对于跨境电子商务的定义，目前尚无一个权威、统一的答案。苏为华、王玉颖（2017）认为，跨境电子商务作为"互联网+外贸"的新型业态，学术界对其定义还存在一定的争议。柯丽敏、王怀周（2017）则认为，跨境电子商务可以从交易主体和交易过程角度进行解释，可理解为分属不同关境的交易主体，通过电子商务平台达成交易、进行支付结算，并通过跨境物流送达商品，进而完成交易的一种国际商业活动。最新出台的《中华人民共和国电子商务法》也未对跨境电子商务做出明确定义，仅仅从国家政策、监管部门、参与主体以及国际规则等方面做了描述性阐述。但是，客观来讲，最具权威性的国家法律所做的模糊处理却给相关部门的跨境电子商务统计工作带来了很大困扰，更为行业内关于跨境电子商务规模的争议和讨论埋下了伏笔（周勃、王健、冯馨仪，2019）。广义理解的跨境电子商务是互联网及信息技术在外贸领域内不同环节的应用，包括电子提供服务（例如售后支持或在线法律咨询）、对公司之间协作的电子支持（例如协作设计）等。狭义的理解即跨区域的网上购物，客户群体主要是个体零售。此外，还有一种解释认为，跨境电子商务是一种国际商务活动，这种活动需要不同关境的交易主体，以电子商务在线平台通道，完成交易和支付结算以及物流售后服务（潘勇，2017）。

本书认为，可以从交易流程的三个阶段对跨境电子商务进行定义。跨境电子商务按交易流程可以分为三个阶段，分别是交易前、交易中和交易后阶段。

1. 交易前阶段

交易前阶段指的是在达成正式进出口合同前通过电商平台等互联网渠道实施的信息获取和信息交流等活动的阶段。在这个阶段中，进出口商的主要目的是了解国际市场信息和寻找贸易机会。信息获取应当包括市场行情和市场需求信息等，信息交流主要是针对订单的具体信息获取，其内容可能包括买家和卖家的信息、付款条件、订单价格和订货量等。

2. 交易中阶段

交易中阶段指的是在网上订立合同、实现交易的过程。在进出口过程中，网上达成交易订立合同一般都是金额较小的类似网上零售，金额较大的传统进出口贸易一般不在网上达成交易。这一阶段基本上限于针对终端消费者的 B2C、C2C 或者小额 B2B 交易。其特点是金额小、批次多、以国际快递和邮包为物流方式，用信用卡或第三方工具来支付。

3. 交易后阶段

交易后阶段指的是达成进出口合同后的履约阶段，也称交付阶段，包括货物交付和货款收付，涉及国际物流运输和国际结算。该阶段主要针对中小企业提供跨境电子商务信息化服务，交易主体是企业，交易模式以 B2B 为主。这一阶段除了控制好货物流和资金流外，进出口商还需要接受海关、税务等部门监管。

从上述三个阶段去理解跨境电子商务交易全流程，有助于认清跨境电子商务交易的本质和平台、信息、技术、服务在交易中所发挥的作用。根据这三个阶段，跨境电子商务业务是指涉及交易前、交易中、交易后中的一个或几个阶段的交易行为。但只有交易后段的交易行为是否属于跨境电子商务可能存在争议。对于该问题，可参考海关统计进出口贸易的方法。根据海关对进出口贸易的统计范围和数据来源，凡能引起中华人民共和国关境内物质资源存量增加或减少的进出口货物，即实际进出中国关境的货物，均被列入海关统计。上述三个阶段中，交易后阶段通过第三方平台进行数据和单据的交换，通过外贸贸易综合服务平台交付电子单据、交付货物，只进行交付而没有进行交易的跨境网上贸易行为，也会引起跨境电子商务规模的增加，因此应当属于跨境电子商务范畴。因此，以交易前、交易中、交易后三个阶段的交易，以及只有交易后阶段的交易行为属于跨境电子商务，这一定义可以较为全面、具体地定义跨境电子商务的规模和范围。

（二）跨境电子商务模式研究

1. 跨境电子商务模式的基本概念

"商业模式"这一术语在学术研究中使用时并不统一。王维一等（2005）指出，当前的行业经常混淆地使用商业模式的概念，甚至将商业模式与网络模型和商业形式混淆，而研究人员甚至在研究中也很少关注商业模式。理论研究认为，商业模式是描述商业参与者利益和企业利润来源的产品、服务和信息流系统，是公司获得和维持其收入流的逻辑陈述。商业模式是企业创新的重点，也是商业伙伴与买家之间价值流、收入流和物流的特定组合。

跨境电子商务模式分多种类型（如表3-1），包括B2B（企业对企业）、B2C（企业对消费者）、C2C（个人对消费者）、M2C（生产企业对消费者）和B2B2C（企业到企业到消费者）等。需要指出的是，在所有跨境电子商务模式中，B2B和B2C是最基本的模式，占总交易额的绝大多数。在本书的研究中，先暂不考虑其他模式。沈丹阳等（2015）认为，跨境电子商务是指生产资料和贸易企业或个人通过电子商务手段。从贸易规模角度，B2B占比将近90%，B2C占比为10%左右（陈静红，2014；戴宗群，2018）。显然，B2B已经成为跨境电子商务交易模式的主流。但是供给侧的结构性改革，使得跨境电子商务模式也发生了改变，中国制造业正从价值链上游的简单代工过渡到品牌创造的模式。从行业角度，B2B模式正逐步向更加个性化和柔性化的B2C定制化模式转型（韩洁，2018）。

表 3-1 跨境电子商务基本的交易主体分类模式

模式	参与主体	交易特点	代表平台
B2B	企业与企业交易	大批量、小批次、订单集中，正规货物报关	阿里巴巴国际站、阿里巴巴一达通、宁波世贸通、易单网等
B2C	企业与个人交易	小批量、多批次、订单分散，以个人或货物报关	亚马逊、兰亭集势、环球易购、京东全球购、网易考拉等
C2C	个人与个人交易	小额、通过第三方平台交易，以个人物品报关	Ebay、全球速卖通等

在学界，在 B2B 和 B2C 模式的基础上，跨境电子商务又分出多种分类方法，可以按经营主体、货物流向、盈利方式等进行分类。

学术界关于跨境电子商务模式存在不同的分类方法，详见表 3-2。

表 3-2 跨境电子商务模式的分类

分类方式	名称	内容
货物流向	出口跨境电子商务模式 进口跨境电子商务模式	生产商或贸易商依托平台出口商品或服务的模式。 企业或个人在平台上购买海外商品和服务的模式
盈利模式	商品销售模式 第三方服务模式 外贸综合服务模式	通过跨境电子商务平台向境内外销售商品赚取收益的模式。 通过向其他跨境电子商务主体提供第三方服务，赚取佣金的模式。 依托跨境电子商务平台向企业提供进出口各环节服务，赚取佣金的模式
运营方式	自营型平台模式 第三方平台模式	自建平台，供自己使用并赚取收益的模式。 搭建平台为其他跨境电子商务主体开展交易提供服务的模式

资料来源：作者对商务部研究院跨境电子商务课题研究有关内容的整理。

2. 按出口模式和进口模式分类

出口模式分为 4 种类型：

一是传统跨境大宗交易平台（大宗 B2B）展示模式，主要面向国外批发商，将外贸出口缩短为"中国工厂→电商平台→外国批发商→外国零售商→外国消费者"五个环节，代表企业有阿里巴巴国际站、中国制造网、环球资源网等。

二是综合门户类跨境小额批发零售平台（小宗 B2B 或 C2C）模式，使中国工厂直接面向外国的零售商，将外贸出口缩短为"中国工厂→电商平台→外国零售商或外国消费者"三个环节，代表企业有敦煌网、阿里巴巴全球速卖通、全麦网等。

三是垂直类跨境小额批发零售平台（独立 B2C）模式，一端连着中国的制造工厂，另一端连着外国消费者，代表企业有执御网、兰亭集势、米兰网等。

四是专业第三方服务平台（代运营）模式，代表企业有棒谷、通拓、无锡择尚、深圳浩方、南京四海商舟等。外贸 B2B 企业主要依托阿里巴巴等电商平台进行信息展示，帮助企业进行在线交易，但平台采取收服务费方式，纯靠信息服务换取效益，利润较低，用户黏性不强。跨境 B2C 的平台网站专业性强、利润较高，但运营成本高，对平台专业技术要求也高。此外，一些企业还创新发展出 M2C（工厂到消费者）、B2B2C（企业到企业到消费者）以及专为个性化需求实施的 C2B（消费者到企业）柔性定制等新模式。

进口模式有三种：直邮进口、保税备货进口和一般贸易进口。

直邮进口模式下，消费者通过国内的跨境电子商务平台或在国外网站购买商品，境外商户直接从境外发货，利用国际快递送达国内消费者。直邮进口模式下订单多、金额低，对物流时效性要求非常高。开展这类业务的代表企业有京东全球购和天猫国际的部分业务、境外亚马逊站点等。

保税备货进口下，中国企业将海外商品以批量运输方式进口至保税区，在保税区存放并在海关系统建立进境备案清单。消费者在网上购买之后，由保税区内将商品直接从国内保税仓发送给境内消费者的同时进行进口清关。企业主要有网易考拉、唯品会、聚美优品、小红书、天猫国际、京东全球购、蜜芽、达令等。

一般贸易进口的跨境电子商务，主要指"一般贸易+国内电商"模式，即进口商通过一般贸易方式将商品进口到中国境内，该过程中接受正规报关、正规备案、正规缴税等流程。进口国内后，再将商品在电商平台上展示、销售，与国内电商平台销售方法一致，仅在商品退换货环节有别于国内生产的商品。该类型的企业经过长期发展淘汰，该类企业主要有唯品会、云集、苏宁易购等。

3. 按盈利方式分类

通常来讲，进口和出口模式也可以按照盈利方式的不同分为以下三类：B2C 和 C2C 交易方式下的价差模式，以及 B2B 交易方式下的佣金模式和外贸综合服务佣金模式。

一是运用平台提供服务的佣金模式。该模式下，企业搭建信息化平台，为买卖双方提供交易信息和机会，并从中赚取佣金。其中分为两类基本模式：一是收取信息服务费。如早期的阿里巴巴国际站、中国制造网和环球资源等平台，这些平台为企业提供发布产品信息的渠道，从中收费。同时，也向买家收取阅读卖方产品信息的费用，即收费范围为：买家服务费+卖家服务费。其中，买家服务费可以分为一次性收费或按时间跨度收费（通常以季度或年为单位）；卖家服务费通常按年收费，即按发布产品数量和排名等信息按年交纳不同等级的会员费，如环球市场制造商GMC会员费用，不同GMC会员等级收不同费用，基础费用39800元/年，增值服务费从几万元到十几万元不等。而环球资源（Global Resources）目前星级方案价格是3万元到30多万元不等。值得注意的是，该种模式下不论是否成交，均向平台交纳费用。

二是依成交金额收取佣金，即依据平台上买卖双方成交情况收费。如敦煌网依据成交情况收取"佣金+支付手续费"。其中，佣金率指低于$300的订单按照二级类目设定不同的数值，高于$300的订单，全平台适用统一规则，详见表3-3。支付手续费是指银行在交易支付过程中手续的费用，此费用会根据银行的调整变化而变化。双方成交金额提取0.5%—15.5%的费用。此外，如代运营商，即代替货主开展网上营销，并根据销售情况收取费用的企业也算入该类模式。如深圳浩方、无锡择尚、南京四海商舟等企业均开展该类业务。

表3-3 敦煌网收费标准（单位：美元）

产品及交易金额	0—300	300—1000	1000—5000	5000—10000	10000以上
类型A	8.50%	4%	2%	1%	0.50%
类型B	12.50%	4%	2%	1%	0.50%
类型C	15.50%	4%	2%	1%	0.50%

注：交易金额指每笔订单金额，类型指不同类别的产品。
资料来源：作者对敦煌网的调研整理。

据敦煌网介绍，佣金模式的优点是客户越多、收益越大，并且数据量大、盈利点可以自行设计；缺点是不容易构建全链条的服务，平台建设投入多、不易管理等。

（1）商品销售模式

该模式下，主要针对以进口国外商品通过电商平台销售给国内消费者或采购国内商品销售给国外消费者并赚取价差的模式。该模式无论通过第三方平台或自营平台，都以对终端个人用户为销售对象。由于该模式范围较宽泛，在供应链上也出现了多种运营模式，该种模式的优点是毛利率高，如早期通过亚马逊平台销售日用消费品可达到50%以上的毛利率。目前，随着竞争加剧，销往欧美等成熟市场的平均毛利率已降至20%以下，但销往中东、拉美等电商业务不发达的市场的平均毛利率仍可达30%以上。该模式的缺点有：一是竞争激烈，由于适销产品种类有限，容易导致同质化竞争，特别是对售后服务、商品价格和销售技巧提出特别严格的要求；二是滞销和库存压力大，自营进出口对资金要求特别高，一旦商品积压，将承担巨额资金成本，若资金链出现紧张，很可能对企业形成灾难影响；三是对于运用亚马逊、Wish等第三方平台开展出口的企业，以及利用京东、天猫等平台开展销售进口商品的企业，经常会受到平台规则的影响，导致企业利润波动很大。如京东通常要求供货商在"618"或"双11"期间开展促销活动，否则将强制商品下架，或提出额外线上营销费用。

（2）运用自营或第三方平台的佣金+价差模式

该模式主要是指开展自营业务又开展第三方服务的平台型企业，如京东、Newegg等。该模式适合的平台通常具有三个特点：一是平台流量大、GMV高，在国内具有相对垄断地位。二是具有较强的综合服务能力，对平台用户黏性较强。三是平台具有很强的大数据分析能力，可以通过对平台业务的分析，优化商品SKU采购能力并提升库存管理能力。如京东目前的第三方业务和自营业务收入GMV比重基本为40%比60%，即自营业务略高，但该比例随着公司战略方向的调整，也经常发生变化。

该模式的优点是平台话语权强，产品SKU多，盈利方式多样化，不容易受到某类产品供应链变化或市场波动的影响，即当遇到部分产品成本急剧上涨导致需求不足时，可以通过调整SKU结构，或降低自营比重、丰富增值服务手段来缓解。

该模式的缺点是资金投入量大，平台维护费用高，团队支出巨大，同时对于综合管理能力提出了极高的要求。这也导致年销售额数千亿元规模的京东平台直至2017年才盈利50亿元人民币。而全球电商巨头亚马逊1997年上市至今，总共盈利200亿美元，其中约104亿美元发生在2018年。

（3）外贸综合服务模式

该模式下，外贸综合服务企业搭建信息化平台，为在平台注册的一般贸易企业提供报关、报检、物流、仓储、退税、结汇、融资等外贸供应链综合服务，并收取业务服务费（王晓彬，2019）。从该类企业发展过程看，业务服务费从2010年前按进出口额收取1%—3%代理费，逐步调整为报关业务不收取任何费用，并且按照1美元出口返还出口企业3分人民币，同时按照4%左右的贴现折扣在完成报关后3天内向出口企业提供退税额。具体业务流程将在后文具体案例中予以详细阐述。该类企业在中国约有上千家，其中2016年进出口额超过10亿美元的企业约15家，超过1亿美元的企业约有80家，主要分布在广东、浙江、福建等地。代表企业有深圳一达通、浙江一达通、深圳朗华、深圳信利康、深圳创捷、厦门嘉晟、中建材易单网、宁波世贸通等。

该模式的优点：一是盈利点多，平台可依据客户和市场需求迅速开发新的服务产品，如各类金融产品等，以提升盈利能力。二是平台数据留存量大，掌握国内外供应商和采购商信息，为开发信用产品和提升平台国际市场开拓能力提供了数据保障和发展空间。

该模式的缺点也比较突出：一是对平台管理能力提出了很高要求。由于服务对象动辄成百上千，甚至数以万计，任何业务模块的运行都不能出现问题，否则会带来系统性风险和巨大经济损失。二是容易引起政策风险和法律风险。由于对服务对象缺乏全面深入的了解，仅凭报关数据和简单的现场调查，很容易被意图骗取国家退税款的不法分子利用和蒙蔽，引发连带赔偿责任。

外贸综合服务平台是跨境电子商务各类业务模式中最具争议的一类。一方面，由于平台本质上是优化了传统一般贸易的流程和效率，为中小企业开拓国际市场提供了一站式服务，解决了资金不足、团队不全、规则不熟悉等缺陷问题，具有较强的先进性，为全球贸易的发展提供了新模式；另一方面，由于发展过快，特别是单一平台服务十余万的中小出口企业，形成"一对N"的业务模式，同时又缺少对服务对象的全方位管理，导致以传统"一对一"模式制度的外贸监管制度还不能完全适应新模式的发展，以一达通为代表的大量外贸综合服务商出现在海关、税务等部门评级大幅下降的情况，业务发展受到了一定的限制。

（三）"货物与个人物品"——两类平行监管模式

值得注意的是，在2013年8月出台第一份国务院政策之前，中国所有跨境电子商务零售进出口的商品，即B2C和C2C交易的商品都以个人物品向海关申报，采取邮包、快件作为物流方式运达买家，因而规避了严格的货物进出口监管流程，包括缴税或退税、收付汇、商品质量检验、经营主体合规审核等必要程序。但这种灰色报关的方式，其经营业绩无法合理合法地体现为公司财务数据。因而，对于希望做大做强，进而走向资本市场或得到政府和行业认可的企业，这种方式确实存在一定弊端。

在出台政策之后，以个人物品报关进出境的路并未被堵死，而是作为与企业自愿选择按照9610和1210跨境电子商务监管模式相平行的另一种报关方式一直存续。这种平行模式对企业而言，就是另一种商业逻辑。据行业普遍反映，截至2019年10月，以海淘、代购等方式入境和以个人物品报关出境的跨境电子商务商品比重虽然有了明显下降，但仍占到一半以上。这说明，现行的监管政策仍不具备普遍的吸引力和强制力，行业未来的继续发展仍存隐患。

以跨境电子商务零售进口1210监管模式为例，跨境电子商务方式报关与按行邮物品报关存在较大差异，详见表3-4。

表3-4 跨境电子商务零售进口与行邮物品监管对比

监管模式	1210保税进口邮寄方式	
税种和税率	增值税×70%+消费税税率按不同科目征13%、20%和5×70%，关税降为0%，合计0%不等的行邮税，同时享受征收综合税。应税额50元以下免征政策，以线上销售价格为税基计算	
应缴税额		以CIF作税基计算行邮税，综合税，通常较高
商品种类	按清单管理	除特殊商品外，不受限制
清关手续	不报关，抽查	需报关，三单比对
通关时间	1—3天	7—10天

资料来源：作者对北京大黄蜂跨境电子商务进口系统平台数和海关总署2019年《进出境个人快件通关办事指南》内容的整理。

基于此，企业选择不同的商业模式，完全取决于不同监管模式带来的经营效益和效率的高低，取决于公司制定的经营目标。有的企业希望业绩阳光化，就会主动接受监管，并按照政策的要求，提交相关资料，完成相关报关监管流程。上述涉及的各类商业模式中，也大多因两种平行监管模式的原因而存在差异。不仅如此，由于平行监管模式也导致政府出台的政策受到企业界的质疑，原因就是政策是基于接受监管而产生，但不受监管获得的便利在接受监管模式下无法享受，导致了行业对政府的政策经常提出质疑。

表 3-5 跨境电子商务零售进出口监管与非监管模式下的差异对比

模式	跨境电子商务 B2C 进口		跨境电子商务 B2C 出口	事项监管
退缴税	缴综合税	缴行邮税	享受退免税政策，但要求符合申报条件	不退税
收付汇	付人民币	以人民币购买外汇进行付汇	与一般贸易类似，按规定收汇	无法收汇
商品质检	符合国内品质要求	无要求	有查验	无查验
商品范围	清单管理	无范围	严格审核报实一致	无严格审核
数据信息	三单比对	物品基本信息和境内收货人信息	三单比对	物品基本信息和境外收货人信息
申报流程	复杂	简单	复杂	简单
发展历史	2014年起	约2008年起	2014年起	约2005年起

资料来源：作者对海关总署、商务部网站以及百度查询结果的整理。

1. 跨境零售与跨境批发

跨境零售包括 B2C（Business-to-Customer）和 C2C（Customer-to-Customer）两种模式。跨境 B2C 是指分属不同关境的企业直接面向消费个人开展在线销售商品和服务，通过电商平台达成交易、进行支付结算，并通过跨境物流送达商品、完成交易的一种国际商业活动。跨境 C2C 是指分属不同关境的个人卖方对个人买方开展在线销售商品和服务，由个人卖家通过第三方电商平台发布商品和服务的信息和价格等内容，个人买方进行筛选，最终通过电商平台达成交易、进行支付结算，并通过跨境物流送达商品、完成交易的一种国际商业活动。

跨境批发也就是跨境 B2B（Business-to-Business），是指分属不同关境的企业对企业，通过电商平台达成交易、进行支付结算，并通过跨境物流送达商品、完成交易的一种国际商业活动。

2. 跨境电商的生态圈

在全球化和互联网的影响下，国际贸易不再是传统的链状结构，而是呈现网状结构。在不同国家和地区的贸易活动中，由于地理距离、市场和法律制度的不同，跨境电子商务通常要由多种商业角色来完成，一个典型的跨境电商生态圈以跨境电商平台为中心，由卖家、买家、跨境电商、服务商、政府监管机构5个方面的参与者构成。（如图3-1）

图3-1 跨境电商的生态圈

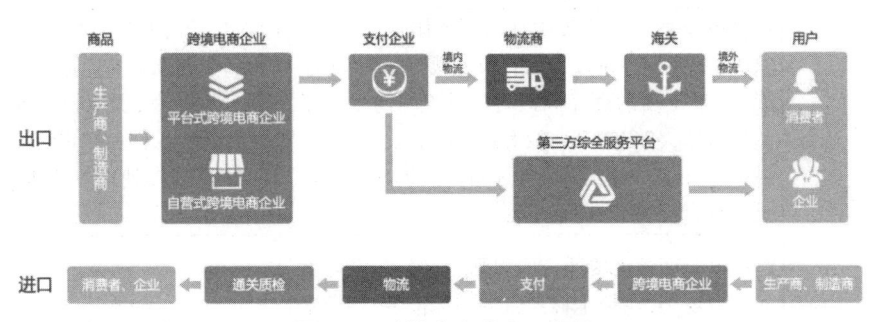

图3-2 跨境电商进出口流程

跨境电商出口的流程是生产商或制造商将商品在跨境电商企业的平台上展示，在商品被选购下单并完成支付后，跨境电商企业将商品交付给物流企业进行投递，经过两次（出口国和进口国）海关通关商检后，最终送达消费者或企业手中。也有的跨境电商企业直接与第三方综合服务平台合作，让第三方综合服务平台代办物流、通关商检等一系列环节，从而完成整个跨境电商交易的过程。跨境电商进口的流程与出口的流程方向相反，其他内容基本相同。

3. 跨境电商与国内电商的区别

表3-6 跨境电商与国内电商的区别

区别	跨境电子商务	国内电子商务
业务环节	业务环节复杂，需要经过海关通关、检验检疫、外汇结算、出口退税、进口征税等环节。在货物运输上，跨境电商通过邮政小包、快递方式出境，货物从售出到送达国外消费者手中的时间更长，因路途遥远，货物容易损坏，且各国邮政派送的能力相对有限，急剧增长的邮包量也容易引起贸易摩擦	业务环节简单，以快递方式将货物直接送达消费者，路途近、到货速度快，货物损坏概率低
交易主体	跨境电子商务的交易主体是不同关境的主体，可能是国内企业对境外企业、国内企业对境外个人或者国内个人对境外个人。交易主体遍及全球，有不同的消费习惯、文化心理、生活习俗，这要求跨境电商对国际化的流量引入、广告推广营销、国外当地品牌认知等有更深入的了解，需要对国外贸易、互联网、分销体系、消费者行为有很深的了解，要有"当地化/本地化"思维	国内电子商务交易主体一般在国内，国内企业对企业、国内企业对个人或者国内个人对个人
交易风险	跨境电子商务行为发生在不同的国家，每个国家的法律都不相同，当前有很多低附加值、无品牌、质量不高的商品和假货仿品充斥跨境电子商务市场，侵犯知识产权等现象时有发生，很容易引起知识产权纠纷，后续的司法诉讼和赔偿十分麻烦	国内电子商务行为发生在同一国家，交易双方对商标、品牌等知识产权的认识比较一致，侵权纠纷较少，即使产生纠纷，处理时间较短，处理方式也较为简单
使用规则	跨境电子商务需要适应的规则多、细、复杂。例如平台规则，跨境电商经营的平台很多，各个平台均有不同的操作规则，跨境电商需要熟悉不同海内外平台的操作规则，具有针对不同需求和业务模式进行多平台运营的技能。跨境电商还需要遵循国际贸易规则，如双边或多边贸易协定，需要有很强的政策、规则敏感性，及时了解国际贸易体系、规则、进出口管制、关税细则、政策的变化，对进出口形势也要有更深入的了解和分析能力	国内电子商务只需遵循一般的电子商务规则

4.跨境电商与传统国际贸易的区别

表3-7 跨境电商与传统国际贸易的区别

区别	跨境电子商务	传统国际贸易
运动模式	借助互联网电子商务平台	基于商务合同的运作模式
订单类型	小批量、多批次、订单分散、周期相对较短	大批量、少批次、订单集中、周期长
交易环境	简单(生产商—零售商—消费者或者生产商—消费者),涉及中间商较少	复杂(生产商—贸易商—进口商—批发商—零售商—消费者),涉及中间商众多
运输方式	通常借助第三方物流企业,一般以航空小包的形式完成,物流因素对交易主体影响明显	多通过海运和空运完成,物流因素对交易主体影响不明显
通关、结汇	通关缓慢或有一定限制,易受政策变动影响,无法享受退税和结汇政策	海关监管,规范,可以享受正常的通关、结汇和退税政策
争议处理	争议处理不畅,效率低	健全的争议处理机制

(四) 关于 B2B 与 B2C 的差异

B2B 模式下,买卖双方通过互联网实现线上撮合、线下成交,其基本功能是商品展示和信息交换。目前,由于大额在线支付、电子发票和电子合同等核心技术标准还不完善等原因,B2B 还没有实现全程在线。B2C 模式下,买卖双方通过互联网实现在线展示、洽谈、成交、支付等全部环节,并通过跨境物流送达买家。C2C 与 B2C 类似,但卖家为个人,交易规模较小。

从比重上看,B2B 是中国跨境电子商务的主流。由于 B2B 方式通关可以降低行政监管成本,提高通关效率,有利于产业转型升级,国务院已经明确把鼓励发展 B2B 作为主攻方向,B2C 模式作为有益补充。

相比之下,B2C 的交易闭环完成最快,现金回笼最快,比起 B2B 从直观效果上更优。同时,B2B 范畴过于宽泛,切入点和着力点不好把握,也让企业难以入手。因此,调研中不断有企业提出,B2C 的地位和作用应该得到进一步认可,认为目前对 B2C 的定位没有充分考虑到 B2C 的作用和贡献。

(五) B2B 和 B2C 模式三个维度比较

由于各方经常对 B2B 与 B2C 发生混淆和误用,有必要对 B2B 与 B2C 在不同的应用场景下的区别进行分类解释。经过对不同企业调研和对部分文献的梳理，B2B 和 B2C 作为跨境电子商务最根本的模式，其主要区别体现在三个维度：

首先，B2B 与 B2C 是不同物流方式的分类。B2B 大多是集装箱批量海运，陆路运输，空运比例很小。而 B2C 可以理解为小散件，多采用邮政或快递公司承揽的物流方式。

其次，B2B 和 B2C 是不同通关模式的分类。以 B2B 报关，意味着按传统贸易报关，批量大、批次少、监管难度低。而 B2C 报关批量少、批次多，政府监管难度较大。从国家层面，大力提倡和鼓励 B2B，其重要原因就是对 B2C 监管的行政成本过高，现行监管条件难以满足。据数据显示，早在 2015 年，B2C 进出口单量就达到 3.8 亿份，而当年中国传统贸易报关单仅约 1000 万份。

最后，B2B 和 B2C 更是不同的商业模式。B2B 侧重发展与企业间的长期合作，客户量不大，但以大客户为主。在确保客户黏性的前提下，赚取长期稳定的收益。缺点是见效慢、周期长。B2C 侧重去中间化，生产商或贸易商直接面对终端消费者，门槛低、收效快。在这两种模式下，发展思路差异较大。

二、跨境电子商务特征

跨境电子商务是基于网络发展起来的，网络空间相对于物理空间来说是一个新空间，是一个由网址和密码组成的虚拟但客观存在的世界。网络空间独特的价值标准和行为模式深刻地影响着跨境电子商务，使其不同于传统的交易方式而呈现出自己的特点。跨国电子商务具有如下特征（基于网络空间的分析）：

（一）全球性（Global Forum）

网络是一个没有边界的媒介体，具有全球性和非中心化的特征。依附于网络发生的跨境电子商务也因此具有了全球性和非中心化的特性。电子商务与传统的交易方式相比，一个重要特点在于电子商务是一种无边界交易，丧失了传统交易所具有的地理因素。互联网用户不需要考虑跨越国界就可以把产品尤其是高附加值产品和服务提交到市场。网络的全球性特征带来的积极影响是信息的最大程度的共享，消极影响是用户必须面临因文化、政治和法律的不同而产生的风险。任何人只要具备了一定的技术手段，在任何时候、任何地方都可以让信息进入网络，相互联系进行交易。美国财政部在其财政报告中指出,对基于全球化的网络建立起来的电子商务活动进行课税是困难重重的,因为:电子商务是基于虚拟的电脑空间展开的,丧失了传统交易方式下的地理因素;电子商务中的制造商容易隐匿其住所,而消费者对制造商的住所是漠不关心的。比如,一家很小的爱尔兰在线公司,通过一个可供世界各地的消费者点击观看的网页,就可以通过互联网销售其产品和服务,只要消费者接入了互联网,很难界定这一交易究竟是在哪个国家内发生的。

这种远程交易的发展,给税收当局制造了许多困难。税收权力只能严格地在一国范围内实施,网络的这种特性为税务机关对超越一国的在线交易行使税收管辖权带来了困难,而且互联网有时扮演了代理中介的角色。在传统交易模式下往往需要一个有形的销售网点的存在,例如,通过书店将书卖给读者,而在线书店可以代替书店这个销售网点直接完成整个交易。而问题是,税务当局往往要依靠这些销售网点获取税收所需要的基本信息,代扣代缴所得税等。没有这些销售网点的存在税收权力的行使也会发生困难。

(二)无形性(Intangible)

网络的发展使数字化产品和服务的传输盛行。而数字化传输是通过不同类型的媒介,例如数据、声音和图像是在全球化网络环境中集中而进行的,这些媒介在网络中是以计算机数据代码的形式出现的,因而是无形的。以一个 e-mail 信息的传输为例,这一信息首先要被服务器分解为数以百万计的数据包,然后按照 TCP/IP 协议通过不同的网络路径传输到一个目的地服务器并重新组织转发给接收人,整个过程都是在网络中瞬间完成的。电子商务是数字化传输活动的一种特殊形式,其无形性的特性使得税务机关很难控制和检查销售商的交易活动,税务机关面对的交易记录都是体现为数据代码的形式,使得税务核查员无法准确地计算销售所得和利润所得,从而给税收带来困难。

数字化产品和服务基于数字传输活动的特性也必然具有无形性,传统交易以实物交易为主,而在电子商务中,无形产品却可以替代实物成为交易的对象。以书籍为例,传统的纸质书籍,其排版、印刷、销售和购买被看作产品的生产、销售。然而,在电子商务交易中,消费者只要购买网上的数据权便可以使用书中的知识和信息。而如何界定该交易的性质、如何监督、如何征税等一系列的问题却给税务和法律部门带来了新的课题。

（三）匿名性（Anonymous）

由于跨境电子商务的非中心化和全球性的特性，很难识别电子商务用户的身份和其所处的地理位置。在线交易的消费者往往不显示自己的真实身份和自己的地理位置，重要的是这丝毫不影响交易的进行，网络的匿名性也允许消费者这样做。在虚拟社会里，隐匿身份的便利迅即导致自由与责任的不对称。人们在这里可以享受最大的自由，却只承担最小的责任，甚至干脆逃避责任。这显然给税务机关制造了麻烦，税务机关无法查明应当纳税的在线交易人的身份和地理位置，也就无法获知纳税人的交易情况和应纳税额，更不要说去审计核实。该部分交易和纳税人在税务机关的视野中隐身了，这对税务机关是致命的。以eBay为例，eBay是美国的一家网上拍卖公司，允许个人和商家拍卖任何物品，eBay已经拥有1.5亿用户，每天拍卖数以万计的物品，总计营业额超过800亿美元。

电子商务交易的匿名性导致了逃避税现象的恶化，网络的发展，降低了避税成本，使电子商务避税更轻松易行。电子商务交易的匿名性使得应纳税人利用避税地联机金融机构规避税收监管成为可能。电子货币的广泛使用，以及国际互联网所提供的某些避税地联机银行对客户的"完全税收保护"，使纳税人可将其源于世界各国的投资所得直接汇入避税地联机银行，规避了应纳所得税。美国国内收入服务处（IRS）在其规模最大的一次审计调查中发现大量的居民纳税人通过离岸避税地的金融机构隐藏了大量的应税收入。而美国政府估计大约有三万亿美元的资金因受避税的联机银行的"完全税收保护"而被藏匿在避税地。

（四）即时性（Instantaneously）

对于网络而言，传输的速度和地理距离无关。传统交易模式，信息交流方式如信函、电报、传真等，在信息的发送与接收间，存在着长短不同的时间差。而电子商务中的信息交流，无论实际时空距离远近，一方发送信息与另一方接收信息几乎是同时的，就如同生活中面对面交谈。某些数字化产品（如音像制品、软件等）的交易，还可以即时清结，订货、付款、交货都可以在瞬间完成。

电子商务交易的即时性提高了人们交往和交易的效率，免去了传统交易中的中介环节，但也隐藏了法律危机。在税收领域表现为：电子商务交易的即时性往往会导致交易活动的随意性，电子商务主体的交易活动可能随时开始、随时终止、随时变动。这就使得税务机关难以掌握交易双方的具体交易情况，不仅使得税收的源泉扣缴的控管手段失灵，而且客观上促成了纳税人不遵从税法的随意性，加之税收领域现代化征管技术的严重滞后作用，都使依法治税变得苍白无力。

（五）无纸化（Paperless）

电子商务主要采取无纸化操作的方式，这是以电子商务形式进行交易的主要特征。在电子商务中，电子计算机通讯记录取代了一系列的纸面交易文件。用户发送或接收电子信息，由于电子信息以比特的形式存在和传送，整个信息发送和接收过程实现了无纸化。无纸化带来的积极影响是使信息传递摆脱了纸张的限制，但由于传统法律的许多规范是以规范"有纸交易"为出发点的，因此，无纸化带来了一定程度上法律的混乱。

电子商务以数字合同、数字时间截取了传统贸易中的书面合同、结算票据，削弱了税务当局获取跨国纳税人经营状况和财务信息的能力，且电子商务所采用的其他保密措施也将增加税务机关掌握纳税人财务信息的难度。在某些交易无据可查的情形下，跨国纳税人的申报额将会大大降低，应纳税所得额和所征税款都将少于实际所达到的数量，从而引起征税国际税收流失。例如，世界各国普遍开征的传统税种之一的印花税，其课税对象是交易各方提供的书面凭证，课税环节为各种法律合同、凭证的书立或做成。而在网络交易无纸化的情况下，物质形态的合同、凭证形式已不复存在，因而印花税的合同、凭证贴花（即完成印花税的缴纳行为）便无从下手。

（六）快速演进（Rapidly Evolving）

互联网是一个新生事物，现阶段它尚处在幼年时期，网络设施和相应的软件协议的未来发展具有很大的不确定性。但税法制定者必须考虑的问题是网络，像其他的新生儿一样，必将以前所未有的速度和无法预知的方式不断演进。基于互联网的电子商务活动也处在瞬息万变的过程中，短短的几十年中电子交易经历了从 EDI 到电子商务零售业的兴起的过程，而数字化产品和服务更是花样翻新，不断地改变着人类的生活。

而一般情况下，各国为维护社会的稳定，都会注意保持法律的持续性与稳定性，税收法律也不例外。这就会引起网络的超速发展与税收法律规范相对滞后的矛盾。如何将分秒都处在发展与变化中的网络交易纳入税法的规范，是税收领域的一个难题。网络的发展不断给税务机关带来新的挑战，税务政策的制定者和税法立法机关应当密切注意网络的发展，在制定税务政策和税法规范时充分考虑这一因素。

跨国电子商务具有不同于传统贸易方式的诸多特点，而传统的税法制度却是在传统的贸易方式下产生的，必然会在电子商务贸易中漏洞百出。网络深刻地影响着人类社会，也给税收法律规范带来了前所未有的冲击与挑战。

三、跨境电子商务分类

依据不同标准从不同的角度分析跨境电子商务，可以将跨境电子商务按照以下几个标准进行分类。其一，按照商品流向分类。将跨境电商依据商品流向分类，进出口两类跨境电商的产业链如图3-3所示。

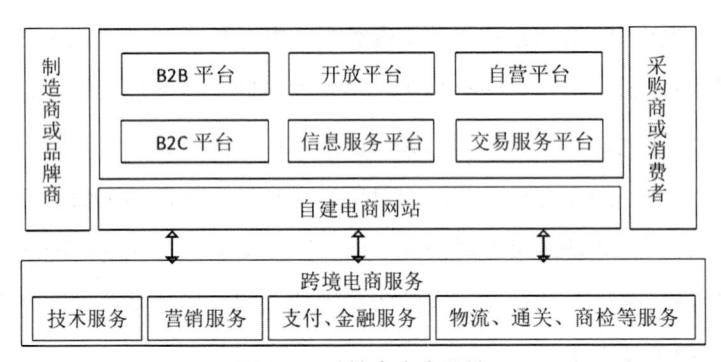

图3-3 跨境电商产业链

其二，按照商业模式进行分类。按照商业模式将营利性电子商务大致分为B2B、B2C、C2C、O2O、B2M、M2C等。非营利模式B2G和C2C是政府行为，可以纳入广义电子商务范畴。在跨境电子商务中最常见的几种模式是B2B、B2C、C2C、O2O，本书将依次进行介绍。

B2B（Business-to-Business）模式是指进出口企业通过第三方跨境电子商务平台进行商品信息发布并撮合交易，其中买卖双方均是企业用户，买方不是最终消费者。跨境电商B2B平台主要分为信息服务类与交易服务类。目前，B2B模式是我国规模最大、中小企业参与度最高的跨境电子商务模式。B2B模式的代表企业是敦煌网、易唐网以及中国制造网等。

B2C（Business-to-Consumer）模式是指进出口企业与海外最终消费者利用第三方跨境电商平台完成在线交易。消费者网上选购、网上支付，企业通过线下物流将货物交付最终消费者。国内典型B2C进口平台有天猫国际、京东全球购等，出口B2C平台以兰亭集势为典型。C2C（Consumer-to-Consumer）模式是指买卖双方均为非企业客户，分处不同关境的买家与卖家通过在线交易平台自愿达成交易。这一模式充分满足了消费者个性化的需求，主要以海外买手的形式存在，其中具有代表性的平台有洋码头与解密等。

O2O（Online-to-Offline）模式是指卖方提供线下与线上相结合的服务模式。以国内零售企业苏宁为例，既有苏宁易购网上商城也有线下实体门店，用户既可以享受线上购物的便利，也可以享受线下购物的乐趣与可靠的售后服务。跨境电子商务O2O模式中具有代表性的是大龙网。

表3-8 跨境电商的分类

分类标准	类型	特征
1.按照交易主体	B2B跨境电商	B2B跨境电商是企业对企业的电子商务，是企业与企业之间通过互联网进行的商品、服务及信息的交换。中国跨境电商市场交易规模B2B跨境电商市场交易规模占总交易规模的90%以上。在跨境电商市场中，企业级市场始终处于主导地位，代表企业有阿里巴巴国际站、环球资源网、中国制造网等
	B2C跨境电商	B2C跨境电商是企业针对个人开展的电子商务活动，企业为个人提供在线商品购买、在线医疗咨询等服务。由于消费者可以直接从企业买到商品，减少了中间环节，通常价格较低，但是物流成本较高。中国B2C跨境电商的市场规模在不断扩大，代表企业有速卖通、亚马逊、兰亭集势、米兰网、大龙网等
	C2C跨境电商	C2C跨境电商是通过第三方交易平台实现个人对个人的电子交易活动，代表企业有eBay等

续表

分类标准	类型	特征
2.按照服务类型	信息服务平台	信息服务平台主要为境内外会员商户提供网络营销平台，传递供应或采购商等商家的商品或服务信息，促成双方完成交易。代表企业有阿里巴巴国际站、环球资源网、中国制造网等
	在线交易平台	在线交易平台不仅提供企业、商品、服务等多方面信息展示，还可以通过平台线上完成搜索、咨询、对比、下单、支付、物流、评价等全购物链环节。在线交易平台模式正逐渐成为跨境电商中的主流模式。代表企业有敦煌网、速卖通、米兰网、大龙网等
	外贸综合服务平台	外贸综合服务平台可以为企业提供通关、物流、退税、保险、融资等一系列的服务，帮助企业完成商品进口或者出口的通关和流通环节，还可以通过融资、退税等帮助企业资金周转。代表企业有阿里巴巴—达通
3.按照平台运营	第三方开放平台	平台型电商通过线上搭建商城，并整合物流、支付、运营等服务资源，吸引商家入驻，为其提供跨境电商交易服务。同时，平台以收取商家佣金以及增值服务佣金作为主要盈利手段。代表企业有速卖通、敦煌网、环球资源网、阿里巴巴国际站等
	自营型平台	自营型电商在线上搭建平台，平台方整合供应商资源，通过采购商品，然后以较高的售价出售商品。自营型平台主要通过差价盈利。代表企业有兰亭集势、米兰网、大龙网等
	外贸电商代运营服务商模式	在这种模式中，服务提供商不直接参与任何电子商务买卖过程，只为从事跨境外贸电商的中小企业提供不同的服务模块，如"市模块""营销商务平台建设模块""海外营销解决方案模块"等。也以电子商务服务商身份帮助外贸企业建设独立的电子商务网站并提供全方位的电子商务解决方案，使其直接把商品销售给国外或消费者。服务提供商能够提供一站式电子商务解决方案，为贸企业建立定制的个性化电子商务平台，其主要是靠赚取企业支付费用盈利。代表企业有四海商舟、锐意企创等
4.按照进出口方向	进口跨境电商	进口跨境电商是指境外的商品通过电子商务平台达成交易，然后通过跨境物流运送至境内完成交易的国际商业活动。进口跨境电商的传统模式就是海淘，即境内的买家在电子商务网站上购买境外的商品，然后通过直邮或转运的方式将商品运送至境内的购物方式。代表电商平台有洋码头、考拉海购、天猫国际等
	出口跨境电商	出口跨境电商是指境内企业借助电子商务平台与境外企业或个人买家达成交易，通过跨境物流将商品送至境外，完成交易的商业活动。出口跨境电商代表电商平台有全球速卖通、eBay、Wish、阿里巴巴国际站、敦煌网、环球资源网等

第四章　中国跨境电子商务的发展现状

一、我国跨境电子商务发展历程

由于经济发展水平的限制，中国最先发展的是电子商务，随着电子商务发展水平的提高以及中国对外开放程度的持续加深，跨境电子商务的发展速度不断提高，发展至今已经达到了一定的规模。截至2021年，据网经社发布的《2021年（上）中国跨境电商市场数据报告》数据显示，中国2021年上半年跨境电商规模超过6万亿元，预计全年达到14.6万亿元。中国在的跨境电子商务发展一共经历了三个阶段：探索阶段、发展阶段、壮大阶段，不同阶段跨境电商的发展呈现不同的特点。

（一）跨境电子商务产生背景

我国于1989年开始建设互联网，至1993年国务院提出"金关工程"计划，该项目旨在建设现代化外贸数字信息网，将商务、运输、金融、海关、商检、外汇管理和税务等多部门通过计算机进行互联互通，以电子数据交换方式进行无纸化贸易，进而实现国家进出口贸易业务的电子化。在萌芽阶段，我国先后搭建起中国电子口岸、对外经贸合作部网站、中国国际电子商务中心等一批网站为跨境电子商务发展奠定了坚实的基础。

1. 全球贸易模式的转变成为跨境电商发展的契机

随着国际分工的深化和互联网的发展，外贸领域逐步出现了一种新型贸易方式，将传统的大额交易转变为小额、多批次、高频次的采购，进口商采购行为的变化促使以互联网为基础的跨境小额批发外贸零售业务迅速发展起来。同时，个人购买者可以在全球购物网站上进行比价和购买性价比高的产品，贸易主体和购买行为的改变成为推动跨境电商发展的重大引擎。

2. "一带一路"倡议为跨境电商注入新的发展动力

"一带一路"倡议为跨境电商与"中国智造"和"中国制造"走向世界的结合注入了新的发展动力。跨境电商模式为中国商品提供了一个无地理界限的平台，让企业和消费者、生产商和经销商、供货商和订货商之间直接面对面，摆脱了传统贸易模式所受到的时间和空间的限制。

3. 政策红利和良好的营商环境推动跨境电商发展

从2013年以来，国家密集出台了一系列鼓励和规范跨境电商的政策，从监管、支付、税收等方面支持跨境电商的发展。2013年2月，外汇管理局下发《关于开展支付机构跨境电子商务外汇支付业务试点的通知》，决定在北京、上海、浙江等地开展跨境外汇支付业务试点，17家支付机构获得跨境支付业务试点资格，有助于跨境电商支付业务顺利开展。国际物流方面，国际快递和专线物流网络日趋完善，海关通关手续逐步简化和快速，有力地推动了跨境电商发展。

（二）跨境电子商务1.0——信息发布窗口（1999—2003年）

1994年，我国正式接入国际互联网，3年后我国互联网络信息中心也建成落地。在此时期网络黄页逐渐代替传统纸质黄页，跨境电商B2B信息平台崭露头角。21世纪初，企业开始逐渐在互联网上搭建企业门户，这既能帮助企业建立网站，又具有网络营销和业务推广功能，从而有效降低中小企业运营成本，为中小外贸企业面向全球市场提供了与大企业公平竞争的机会。在此背景下，网络黄页迅速发展起来，早期的外贸网站，如阿里巴巴、中国制造网、全球市场、慧聪网、ECVV等，基本上都是采用网上黄页的模式，通常提供的功能有竞价排名、广告营销、增值服务以及线下服务等。该模式主要依靠收取信息费、广告费与推广费盈利。在这一阶段，平台服务商大多为中小外贸企业提供对外营销的窗口，尚且不具备在线交易的功能。

跨境电商1.0时代的主要商业模式是网上展示、线下交易的外贸信息服务模式。跨境电商1.0阶段第三方平台主要的功能是为企业信息以及产品提供网络展示平台，并不在网络上涉及任何交易环节。此时的盈利模式主要是通过向进行信息展示的企业收取会员费（例如年服务费）。跨境电商1.0阶段发展过程中，也逐渐衍生出竞价推广、咨询服务等为供应商提供一条龙的信息流增值服务。

第四章　中国跨境电子商务的发展现状

在跨境电商 1.0 阶段中，阿里巴巴国际站平台以及环球资源网为典型代表平台。其中，阿里巴巴成立于 1999 年，以网络信息服务为主，线下会议交易为辅，是中国最大的外贸信息黄页平台之一。环球资源网于 1971 年成立，前身为 Asian Source，是亚洲较早的提供贸易市场资讯者，并于 2000 年 4 月 28 日在纳斯达克证券交易所上市，股权代码 GSOL。

在此期间还出现了中国制造网、韩国 EC21 网、Kellysearch 等大量以供需信息交易为主的跨境电商平台。跨境电商 1.0 阶段虽然通过互联网解决了中国贸易信息面向世界买家的难题，但是依然无法完成在线交易，对于外贸电商产业链的整合仅完成信息流整合环节。

（三）跨境电子商务 2.0——在线交易（2004—2012 年）

自 2007 年以来，各类电子商务平台开始与物流公司、银行等部门开展战略合作，跨境电商 B2B 平台稳定成长，跨境电商 B2C 出口平台逐渐起步并进入高速发展时期。跨境电商盈利模式转为依靠佣金、提供互联网金融服务等方面。在这一阶段，外贸企业一般通过两种途径达成交易：一是平台入驻模式，在第三方平台上建立网上店铺，借助平台进行跨境交易，具有代表性的跨境平台是敦煌网；二是自营电商模式，以兰亭集势为代表，通过自建网站构建自主品牌，逐步进行网络推广，利润源于进销利差。

2004 年，随着敦煌网的上线，跨境电商 2.0 阶段来临。这个阶段，跨境电商平台开始摆脱纯信息黄页的展示行为，将线下交易、支付、物流等流程实现电子化，逐步实现在线交易平台。

相比较第一阶段，跨境电商 2.0 更能体现电子商务的本质，借助于电子商务平台，通过服务、资源整合有效打通上下游供应链，包括 B2B（平台对企业小额交易）平台模式，以及 B2C（平台对用户）平台模式两种模式。跨境电商 2.0 阶段，B2B 平台模式为跨境电商主流模式，通过直接对接中小企业商户实现产业链的进一步缩短，提升商品销售利润空间。2011 年敦煌网宣布实现盈利，2012 年持续盈利。

在跨境电商 2.0 阶段，第三方平台实现了营收的多元化，同时实现后向收费模式，将"会员收费"改以收取交易佣金为主，即按成交效果来收取百分点佣金。

同时还通过平台上营销推广、支付服务、物流服务等获得增值收益。

（四）跨境电子商务 3.0——综合服务平台模式（2013 年至今）

自 2010 年起，各跨境电商平台不断加大力度扩展产业链条，形成了一站式外贸服务链条。以一体化服务平台跨境通为例，其为客户提供包括融资、运输、保险、仓储、外贸单证制作、报关、商检、口岸通关、核销、退税等一体化全方位的外贸服务。

2013 年成为跨境电商重要转型年，跨境电商全产业链都出现了商业模式的变化。随着跨境电商的转型，跨境电商 3.0"大时代"随之到来。

首先，跨境电商 3.0 具有大型工厂上线、B 类买家成规模、中大额订单比例提升、大型服务商加入和移动用户量爆发五方面特征。与此同时，跨境电商 3.0 服务全面升级，平台承载能力更强，全产业链服务在线化也是 3.0 时代的重要特征。

在跨境电商 3.0 阶段，用户群体由草根创业向工厂、外贸公司转变，且具有极强的生产设计管理能力。一方面，平台销售产品由网商、二手货源向一手货源好产品转变。对于 3.0 阶段的主要卖家群体正处于从传统外贸业务向跨境电商业务艰难转型期，生产模式由大生产线向柔性制造转变，对代运营和产业链配套服务需求较高。另一方面，3.0 阶段的主要平台模式也由 C2C、B2C 向 B2B、M2B 模式转变，批发商买家的中大额交易成为平台主要订单。

近年来，我国"海淘"规模不断扩大，为了满足国内消费者的消费升级需求，规范行业发展，2014 年我国政府出台了跨境电商零售进口业务的有关政策，促进了这一模式的迅猛发展，一大批跨境电商零售进口平台如雨后春笋般涌现出来。外贸综合服务业的出现，有效节约了中小外贸企业的经营成本，为优化我国外贸进出口提供了有力支撑。

1999 年，中国电子商务国际贸易开始兴起，其间经历了以信息黄页展示为主的 1.0 时代和以线上支付、相关服务为特征的 2.0 时代。近年来，跨境电商行业急剧膨胀，截至 2014 年，据不完全统计，跨境电商平台企业超过 5000 家，境内通过各类平台开展跨境电子商务的企业超过 20 万家。2015 年至 2016 年年初，国家相继出台了利好政策，进一步助推了跨境电商行业的发展。

随着跨境电商行业的迅猛发展,其竞争也日益加剧,商业模式开始发生变化。近年来,跨境电商进入整合、转型期,向跨境电商3.0时代的转型,跨境电商的发展逐渐呈现出大型化、去中间化、品牌化的发展诉求和显著特征。

1. 跨境电商发展的大型化

跨境电商大型化的主要标志之一就是大型工厂进驻跨境电商平台,能提供全产业链服务的大型服务商的出现。

(1)大型工厂进驻跨境电商平台

大型工厂面临的国际国内形势。第一,全球制造业格局面临重大调整。新一代信息技术与制造业深度融合,正在引发影响深远的产业变革,形成新的生产方式、产业形态、商业模式和经济增长点。我国制造业转型升级、创新发展迎来了重大机遇。同时,全球产业竞争格局正在发生重大调整,在新一轮发展中,我国制造业面临发达国家和其他发展中国家"双向挤压"的严峻挑战,必须放眼全球,抢占制造业新一轮竞争制高点。

第二,我国经济发展环境发生重大变化。随着新型工业化、信息化、城镇化、农业现代化同步推进,超大规模内需潜力不断释放,为我国制造业发展提供了广阔空间。同时,我国经济发展进入新常态,制造业发展面临新挑战——资源和环境约束不断强化、劳动力等生产要素成本不断上升、投资和出口增速明显放缓等。

《中国制造2025》指出,形成经济增长新动力,塑造国际竞争新优势,重点在制造业,难点在制造业,出路也在制造业。目前,中国制造业处在关键的发展转型期。

大型工厂进驻跨境电商平台是中国制造业发展大势所趋。大型工厂进驻跨境电商平台,直接做跨境电商,放眼全球,构建体系化的成熟的国际市场,抢占制造业新一轮竞争制高点,是我国制造业面临发达国家和其他发展中国家"双向挤压"的严峻挑战,实现转型发展的必然选择。

大型工厂进驻跨境电商平台,直接面对整个海外市场,有助于工厂对全球市场的全面掌握、了解和拓展,建立并不断丰富属于大型工厂自己的"大数据"。通过对数据的"加工",找到并培育或深化产品的用户群体,有效把握市场的整体以及个性化需求，实现行业产品前瞻性研发的预判等，实现大数据的"增值"。

让大型工厂切实回归制造的本质，加强产品的研发设计，深化或打造产品国际品牌，加速制造业的转型升级。传统制造企业大多是OEM模式，长期处于价值链的最底层，赚取微薄的利润。工厂进驻跨境电商平台，有助于厂家掌握生产的主动权，不再靠接供应商或批发商的订单而被动生产。在整个产业链中，把产品销售订单、个性化需求前置，以需求或趋势引领生产，坚持工厂自身产品的个性，强化产品的差异性、品牌化，打破郎咸平关于中国制造"6+1"的模式，变为"销售订单—原料采购、产品设计—生产制造"的"121"模式，如图4-1所示。

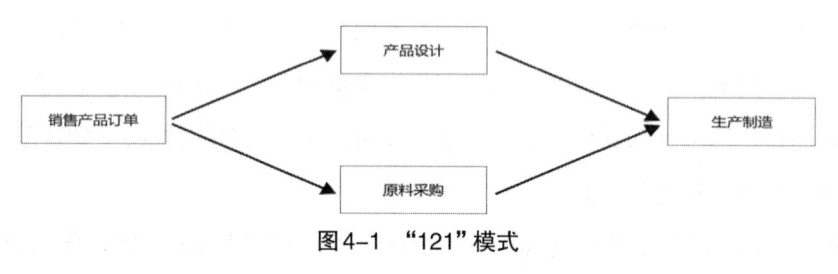

图4-1 "121"模式

也有部分大型工厂设有自己的外贸团队或品牌代理商，但大多为"单打独斗"，在海外市场的拓展、成本和投入上势单力薄，大都走到了跨境电商的瓶颈处。打破瓶颈，唯一的出路就是由"单打独斗"走向"抱团发展"，集中资源一起走出去，一起开拓国际市场，当几万家大型工厂集中在一个跨境电商平台，其规模优势、品牌优势、海外拓展优势等就立刻呈现出来。例如，打造行业出口基地；成立跨境电子商务协会，建立行业产品国际标准；设立海外展览馆、举办海外展会，扩大产品的宣传力度；设立海外代表处，共建立海外商家维护机制、产品的海外跟进、产品的售后服务；共享仓储物流全产业链外贸服务等，最大限度地实现在现有成本上的增值性共赢。

（2）能提供全产业链服务的大型服务商

跨境电商进入3.0时代，就是实现跨境电商的规模化、集约化、全产业链化、平台服务的优质纵深化，简言之，打造跨境电商平台的良性生态圈，实现平台的生态化。在跨境电商进入3.0时代，大型服务商能让任何一个企业或个人，都从事对外出口贸易，只要有一台电脑，能从国外客户手里拿到订单，剩下的交给服务商就可以。

大型服务商的出现，基于原有的外贸企业。在近年来跨境电商的白热化的竞争中，随着国家对跨境电商的管理越来越规范化，随着跨境电商在国际市场的驰骋搏杀，跨境电商已经发展到瓶颈期，打破瓶颈才会有更高更快的发展。大型的跨境电商服务商的出现，就是破局之举。

大型跨境电商服务商能提供更为优质纵深的服务。对于国内大型企业，在确保全球客户信息的大数据掌握在大型工厂的手里的前提下，大型服务商能提供全产业链式的外贸综合服务，为企业或个人提供收汇、物流、通关、快速退税、信用证融资等外贸出口的全流程服务；能为外贸企业、会员企业或个人提供外贸知识、外贸沟通技巧培训；能为外贸企业提供人才支持。

更为重要的是，大型服务商能打造更为优质、效率更高的跨境电商平台，集合网络整合营销、海外推广、出口基地、品牌计划、金融服务等多方面的优势，能够对现有的跨境电商行业进行统一的整合，缩短商品的流通环节，通过对海外市场规模化运营，减少产品海外宣传推广的成本，从而大幅提高工厂的利润。

大型跨境电商服务商具有对海外市场进行统一整合的能力。大型服务商在跨境电商平台的运营上，主要的精力是线上工厂及其产品的海外宣传推广，海外市场的开拓、维护运营上。例如，大型国外购货商的培育、国外客户的跟进回访等，进行有效的把控，对销往海外的商品能够跟踪服务，在海外建立实体展馆、行业售后服务处等。与海外客户群体密切联系，打造平台坚固的客户信任体系。

大型跨境电商服务商秉持客户体验至上的理念，对客户线上购物提供最前沿的技术支持，例如，大型服务商在确保跨境电商平台的交易安全的前提下，确保平台的美观，功能更完善。例如，注重 APP 移动数据端的开发和应用，打造方便快捷、体验好的 APP 客户端。让平台工厂能在手机等移动设备，实现接受客户询盘等的即时交流，实现对自己工厂网页的及时维护和更新；让国外客户能随时使用自己的语言，在平台查询商品，能随时与工厂业务人员进行聊天交流。

2. 跨境电商发展的去中间化

谈到跨境电商的去中间化，首先要观察的是现在跨境电商的主流。自国际贸易电子化以来，B2B一直是跨境电商的主要形式，在扩大中国对外贸易出口，推动中国经济发展方面做出了巨大的贡献。但是，我们也应看到，近年来，随着跨境电商的急剧膨胀、跨境电商竞争加剧和不规范，再加上商人逐利的本质，导致中国产品价格越做越低，品质越做越差。

在目前跨境电商的模式下，工厂的外贸产品先是批发给国内的批发商或产品代理商，再进入国际市场。批发商或产品代理商掌握着海外市场的第一手信息，出于商人逐利的本质，短期内什么产品热销，就让工厂大量生产什么，结果导致以下恶果：一是竞相压价，价格低的仅能保本，靠量博得利润；二是短时间内产品的过量生产，不能保证质量，导致产品品质差；三是市场产品的同质化严重，库存积压；四是工厂不能坚守自己主打产品研发，不能坚持做自己的品牌，随着国内劳动力成本的提高，环境、资源等的制约，以及国际代加工工厂的转移，中国制造业陷入被动，则是必然的结果。

在目前跨境电商的模式下，多数工厂不能直接面对海外市场，导致市场信息和工厂生产的不对称，使得工厂在产品价格、产品的研发设计、品牌的打造等诸多方面都陷于被动。随着国际国内形势的变化，中国制造业面临困境，处在关键转型期的当下，取消产品在国内的流通环节，把工厂直接推向海外市场，变得愈加重要。

跨境电商进入3.0时代，要让跨境电商回归商业的本质。什么是商业，商业是一种有组织地提供顾客所需的商品与服务行为。那么，我们跨境电商就要回归商业的服务本质，能切实为中国工厂、为中国制造业提供优质、高效、利润最大化的服务，我们要尽可能地缩短产品变为商品后的流通环节，也就是我们所说的去中间化。

3. 跨境电商发展的品牌化

跨境电商正在推动中国制造向品牌化、电商化的快速转型。中国国际电子商务中心研究院副院长李鸣涛指出，互联网推动了中国整个产业链实现深层次的转化，它较大地触动了国内产业的升级，即驱动贸易从简单的加工贸易、从高污染高环境投入的消耗生产形态，逐步地转向掌握营销、掌握品牌、掌握渠道、掌握消费者的全产业链贸易形态。过去做代工的订单少了，着手做附加值较高的品牌产品。跨境电商进入 3.0 时代，最为显著的标志即品牌化。

集中国内现有品牌，重建中国制造在国际市场的新形象。中国制造要在国际市场走品牌化的道路，在目前的情况下，就要重建中国制造在海外市场的新形象。而企业品牌的创建不是一朝一夕就能完成的。所以，当前可把国内现有的拥有品牌的大型企业整合在一个跨境电商平台上，形成合力，打造代表中国制造品质的新平台，用国内品牌去重建中国制造的新形象。

潜心产品的研发设计，确保产品质量。中国制造要在国际市场走品牌化的道路，就要潜心产品的研发设计，在确保产品质量的前提下，加强产品的研发设计，增强产品科技含量。同时，要充分整合、满足不同买家的个性需求，注重客户对产品使用的体验。跨境电商进入 3.0 时代，各大型工厂入驻同一跨境电商平台，可以全面整合买家的需求信息，实现产品的差异化设计，满足不同层次的客户需求。而平台服务商可以在世界各国内建立海外代表处，对不同国家的不同需求，做适时的汇总反馈，实现线上和线下的互动，对品牌产品的需求进行有效的把控。可以分行业建立不同行业的产业基地，制定相应产品的国际标准，使同类别的产品形成各自工厂的个性和差异性，同时又有相关产品的标准依据。

全面拓展、不断提升跨境电商平台的国际影响力。做品牌，就跨境电商来讲，最终还是取决于海外市场的占有率和成熟度，取决于跨境电商平台在海外的影响力和引入流量。在海外市场的开拓以及培育上，单靠某一家工厂是难以完成的，而现有的跨境电商模式又存在诸多弊端。跨境平台服务商统一协调，使其形成规模化、集约化趋势，共同走出去，走向国际市场。例如，在海外举办展会，单靠一家工厂的力量，非常困难，若集合平台大部分工厂，每个工厂只需少量的费用，就能非常轻松地实现，在开拓国际市场，加大产品宣传力度方面同样如此。海外展会、展览馆，以及海外宣传等，交给平台服务商即可，而工厂则是全面掌握海外市场信息，确保产品质量。

注重海外大型买家的培育，以及产品的售后服务。在跨境电商行业，目前国内还是以传统的 B2B 为主，虽然 B2C 也具有了一定的发展规模，但是在物流环节还是存在诸多的问题。因此，跨境电商进入 3.0 时代，尤其要注重海外大型买家的培育，并在每个国家都能形成相对稳定的大型买家群，国内平台运营商（大型服务商）要密切与其的联系，参与跟进产品在国外市场的最后销售环节。同时，整合、打造行业售后服务体系，因为产品的售后服务质量将较大提升品牌价值。例如，对于重型机械类行业产品，如果单个工厂在海外专门设立售后服务处，其运行成本太高，而同行业大型工厂入驻同一跨境电商平台后，平台服务商可在海外整合打造同行业的产品售后服务处，可以对售出产品做有效的跟踪和服务。

加强知识产权保护。当前世界各国更加重视法治建设，涉及知识产权的国际和国家经贸法律制度不断调整，如何融入国际市场的知识产权法律环境，已经是中国企业在走出国门时必须面对的现实课题。平台运营商要注重知识产权，切实把知识产权纳入跨境电商平台运营、打造中国制造业世界品牌的战略规划中来，通过与知识产权代理咨询公司、律师事务所等合作，切实为平台企业提供商标注册、保护以及法律维权方面的服务。在运营的过程中，科学地综合运用专利、商标、工业品外观设计、版权等多种知识产权工具，全力帮助平台企业加快打造世界品牌的进程。

二、中国跨境电子商务发展特征

（一）贸易规模不断扩大

中国的跨境电商虽然起步较晚，但是2014年之后，中国电商突飞猛进，跨境电商也随着中国电商的发展规模不断扩大。数据显示，2013年至2019年，中国跨境外贸渗透率从12%迅速增长至33%；2010年到2021年第一季度，中国跨境电商交易规模从1.3万亿元持续增加至12.5万亿元，整体呈现爬坡式增长。由于国内消费者自身对产品要求越来越高，同时受到国际文化影响，对于一些国际化品牌的追求日益强烈，因此会拉动跨境电商的增长。从2011年至2020年，跨境电子商务总体交易规模增长近十倍，如图4-2。由于疫情的影响，全球的用户在线率持续增加，各个年龄阶段的用户比例也在增加。由于时间和空间的限制，国外很多消费者都将消费从线下转到线上，很多中小企业从传统转为线上进行跨境交易。

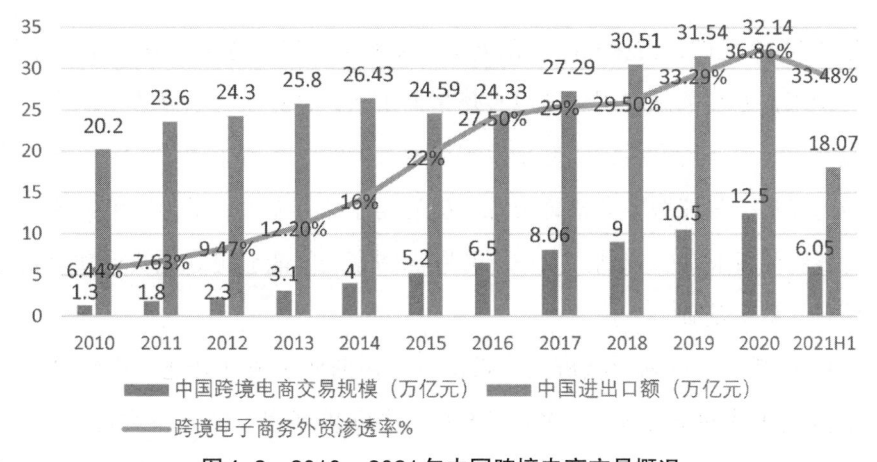

图4-2　2010—2021年中国跨境电商交易概况

资料来源：网经社《2014年中国跨境电商行业研究报告》简版。

图4-3　2016—2025年中国跨境出口电商规模及增速

资料来源：艾瑞研究院《2021年中国跨境电商出口物流服务商行业研究报告》。

（二）配套服务逐步完善

随着跨境电商规模的发展，物流、政策、基础设施等配套服务也逐步完善。基础设施健全加速跨境物流运输能力。跨境物流服务综合能力提升，使得物流更趋精细化、多样化发展。我国的物流运输形式主要分为直邮模式和仓储模式两大类。直邮模式包括邮政小包、国际快递、国内快递和专线物流；仓储模式主要包括建立海外仓边境仓、特殊监管区直邮、集货物流。我国邮政小包在直邮模式中的占比较大，2019年中国跨境电商直邮出口包裹约为20亿件，其中邮政出口渠道约为 12 亿件，占比 65%。随着国际邮政的发展，逐渐形成邮政网络模式，但在万国邮盟对目的国费用调整以及疫情冲击下，这种低货值高货量的出口物流模式成本上升，跨境专线模式迎来发展机遇。同时，随着中国"一带一路"倡议的建设与发展，物流服务商整合资源，提升物流综合能力，推出新的物流专线模式，专线物流发展势头强劲，为中国与欧洲国家之间能够更好地实行联动复合型的经济贸易奠定基础。

2011 年开始，首列中欧班列（重庆—杜伊斯堡）成功开通，中欧之间的专线物流方式正式建立。截至 2021 年 5 月，中欧班列累计的开行数已经超过 3.8 万列次，运输的货物标箱数量达到 340 万个，配送的范围覆盖整个欧洲，包括欧洲的 22 个国家和 151 个城市。部分跨境电商物流服务商开展邮政跨境出口物流服务，经过不断的优化物流路线，整合物流资源，设计了成本要低于邮政网络的专线模式，这种专线模式在配送时效和包裹追踪能力上都要优于邮政网络。我国仓储物流也有一定的规模，根据商务部数据显示，截至 2022 年，我国海外仓数量超过 2000 个，总面积超过 1600 万平方米。

目前，我国跨境电商平台与物流融合趋势愈加明显，为解决物流问题，涌现出集国内揽收、集运、跨境运输、最后一公里配送、海关服务能力等多种服务协同能力于一体的物流综合服务商，借助大数据和物流网络优化模型，整合物流信息，通过平台反馈，制定精准物流路线和模式，促使跨境电商物流运营精细化。

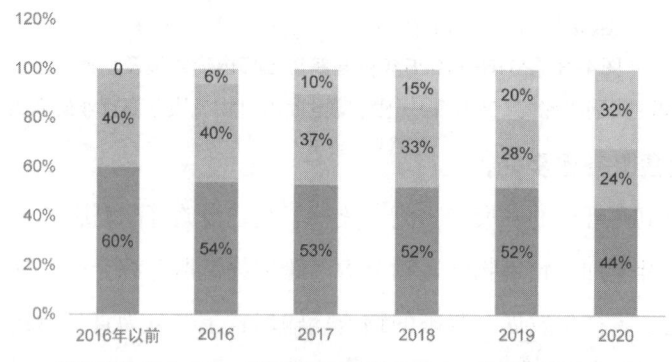

图 4-4　2016 年以前至 2020 年跨境直邮模式市场规模占比

资料来源：艾瑞研究院《2021 年中国跨境电商出口物流服务商行业研究报告》。

跨境电商政策日益完善，政府在税收、监管、检查检疫、支付结算、消费者的权益等各个方面都做出了明确的规定。2018年至2021年，国家层面跨境电商政策出台数量共计21条，其中规范类的政策有9条，主要对监管、出口清单、跨境业务范围等方面进行规定；其他为支持类的政策有12条，加大跨境电商推广力度，支持跨境电商发展。全国各省市"十四五"规划中也对跨境电商行业发展有一定的指示，对于上海、浙江、北京、江苏等跨境电子商务发展比较快的省份，在政策方面更加注重跨境电商与服务业相结合，打造新型跨境服务产业。同时深化跨境电商试验区，推动数字贸易集聚区以及国家级数字贸易先行示范区建设。对于湖北、江西、安徽等省份，则在推动跨境电商综合试验区以及线上综合服务平台，更加注重在原有基础之上进一步推动跨境电商试点范围。对于青海、甘肃、广西等省区则加快海外仓等基础建设，推广跨境电商等新业态新模式发展。

政策的完善也是为了更好地改善营商环境。"十四五"规划也对电子商务的营商环境改善做出规定。第一，在电子规制建设方面。为进一步完善电子商务标准体系，2021年先后实施了有关网络、违规竞争、专利保护等多个方面的法律，依据实施效果及时修订，对新领域新业态的标准进行建设，对数据安全、信息保护等方面完善相关法律规定。第二，在网络市场数字化监管方面。针对在线业务的数字化管理，提升对违法行为的精准查处能力，完善信用评价机制，要求在网络办公、在线教育、互联网医疗服务等方面建立健全机制，保障市场公平竞争。第三，在知识产权保护方面。累计制定发布了120余项国家标准、50多项行业标准以及多项团体标准，规划建立健全知识产权保护制度，进一步完善和建设知识产权侵权惩罚性赔偿制度，并加大赔偿损失力度。第四，在电子监管能力方面。应用数字化监管，协同联动监管方式，构建全球治理多元监管，并探索线上全面闭环监管、信用监管等新型方式。

跨境电商支付结算对于线上线下的跨境交易来说，都是很重要的一环，特别是对于线上跨境交易来说，支付结算不能够当面进行，要借助网络技术和第三方跨境支付平台进行，是跨境电商交易能否成功的关键。中国的跨境支付在进入21世纪发展迅速，跨过了信用卡时代，直接从现金支付跨越到移动支付，主要是得益于我国在1998—2005年，支付宝、财付通、快钱等第三方支付机构陆续成立，打通了我国的线上交易支付渠道。2018年，中国移动支付普及率已经超过 77%，稳居世界首位。2021 年前三个月，我国的第三方移动支付交易规模高达 74 万亿元，同比增长 39.1%。预计 2025 年，我国第三方移动支付和第三方互联网支付总规模将达到 489.2 万亿元。

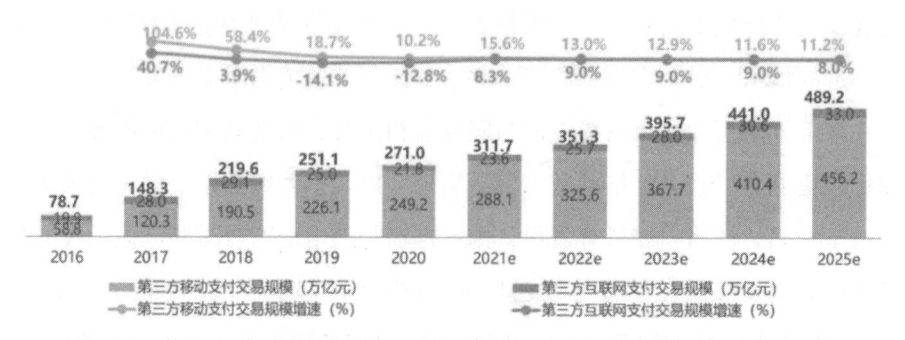

图 4-5　2016—2025 年中国第三方移动支付与第三方互联网支付交易规模
资料来源：艾瑞网《2021 年中国第三方支付行业研究报告》。

国内的实体基础设施逐步完善，交通运输能力不断地加强。根据交通运输部门的数据，2020 年，中国铁路营业里程比上一年末增加了 5.3%，公路里程增加了 3.5%，港口泊位增加了 2.7%。农村公路里程 438.23 万千米，其中县道占比 15.1%，乡道占比 28.3%，村道占比 56.6%。全国港口万吨级泊位数 2592 个，较上一年增加了 72 个。全国拥有水上运输船舶 12.68 万艘，集装箱为 293.03 万标准箱，增长了 30.9%。民用航空航线 5581 条，民用航空机场 241 个。随着互联网的不断深入，智能运输、自主物流服务提升了跨境物流运转的能力，互联网基础设施不断完善，规模不断扩大。根据第 48 次《中国互联网络发展状况统计报告》，截至 2021 年 6 月，移动电话基站总数达到 948 万个，光缆线路总长度为 5352 万千米。为了国际物流通道更加畅通，2020 年海关总署就中欧班列的发展颁布实行了若干条措施。2022 年 2 月 27 日，首列阿拉山口—塔什干跨境电商班列发车，从阿拉山口口岸发往乌兹别克斯坦，丝路电商发展为建设丝绸之路经济带提供了发展新路径。未来，随着经济的发展，基础建设会不断地深化，跨境电商发展的硬件设施为其发展奠定了基础。

（三）新型模式迅速发展

随国内电商的不断发展，电商与社交逐步衍生了一种新的电商模式，即社交电商，社交电商在国内发展迅速，即将趋于饱和，跨境社交电商海外市场前景广阔。2011—2014年新型的电商模式社交电商处于探索时期,2018年进入快速发展的时期。经过发展,现阶段社交电商规模达到了一定数量,人均消费不断增加。根据网经社数据显示,2017—2018年,国内社交电商增加了1.35亿人,同比增长了28.54%;2020年用户人数已经达到7.8亿人,市场规模达到23000.5亿元,同比增长了11.62%,人均消费额2949元。根据网经社测算,2026年,社交电商规模将达到8.78亿人。根据商务大数据监测数据显示,2020年重点监测电商平台累计直播场次数超过2400万场,累计观看超1200亿人次,直播商品数量超5000万个。抖音、快手又随即上线抖音购物车、快手小店等模块,具备客服、物流等电商服务功能,加速电商与社交短视频的融合,从而形成新型的电商模式。社交媒介的高信息流量传播速度,加快交易进程,缩短交易周期,同时与各大电商节日活动结合。例如"双十一"、"618"电商购物节等,平台节日与社交媒介强强联合,形成了全国电商购物的浪潮。根据微热点大数据研究院数据显示,2020年,全国直播电商总量达到1.02亿条,其中6月信息量达到最大值1844万条,主要是受到"618"活动的影响;10月信息量达到1269万条,这主要是受到"双十一"预售活动的影响。各个品牌方也纷纷利用社交媒介花式拍摄小视频进行品牌推广,邀请流量明星以及有影响力的网红主播进行直播带货。社交电商已经逐步成为新一代的网上购物主流形式之一,这种主流影响力还将进一步地扩大。

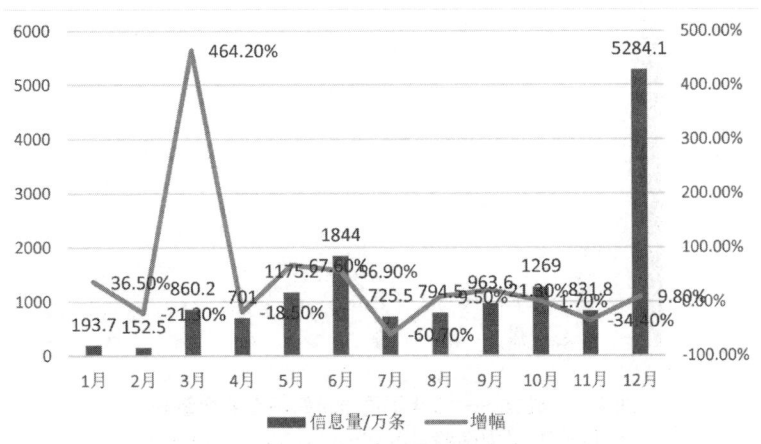

图4-6 2020年全年直播电商信息量
资料来源:微热点大数据研究院。

对于跨境社交电商而言,现阶段还不如国内市场发展得成熟,海外市场宽阔，具有很大的潜力。Tiktok 作为中国出海比较成功的短视频平台，可以通过短视频、直播等方式促成跨境交易，现在在全球 154 个国家（和 75 种不同的语言）中可用。目前 Tiktok 已经在美国、英国、印尼等国家也开通小黄车功能，海外用户可直接通过小黄车进行购买或者通过点击外挂购物网站进行下单。同时，发挥短视频平台优势，知识付费交易也能通过社交平台实现。当国内外企业或个人纷纷将注意力转向海外市场，相应地，衍生出来的跨境社交电商运营服务行业也迅速发展。

（四）区域发展差异明显

中国跨境电商发展呈现出东强西弱中过渡的态势。由于沿海城市的外贸和经济发展水平以及电子商务水平相对于其他地区更加发达，中国跨境电商最早开始于东部沿海省份，因而东部沿海省份的跨境电商相对来说发展的速度更快。2015年，设立浙江省杭州市为第一个跨境电商综试区；2016 年，跨境电商综试区增设了 12 个城市。截至 2022 年 2 月，全国跨境电商综试区共计 132 个。最早设立的两批城市共计 13 个，东部等沿海地区就有 9 个，中部地区 4 个。根据《2021中国跨境电子商务发展报告》显示，跨境电商产业逐步从以沿海地区为主向产业带以华东、华北等内陆地区延伸，如图 4-7、图 4-8。

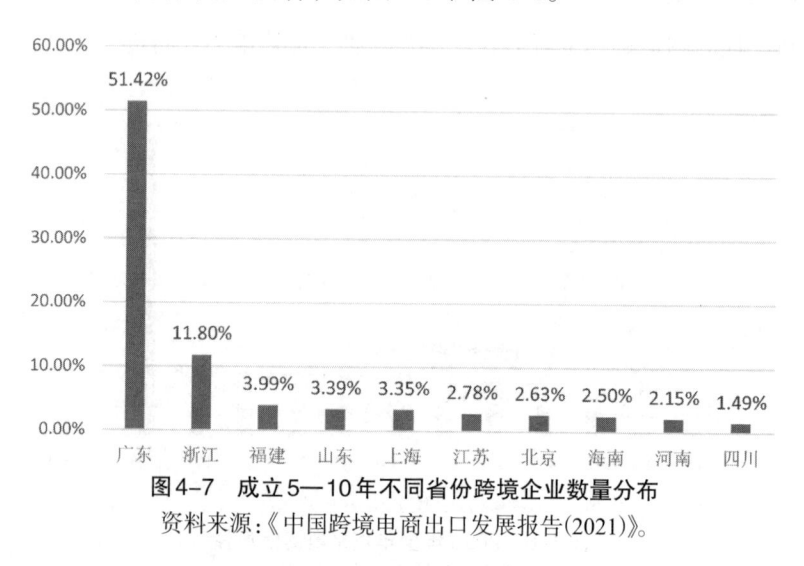

图 4-7　成立 5—10 年不同省份跨境企业数量分布
资料来源：《中国跨境电商出口发展报告(2021)》。

第四章　中国跨境电子商务的发展现状

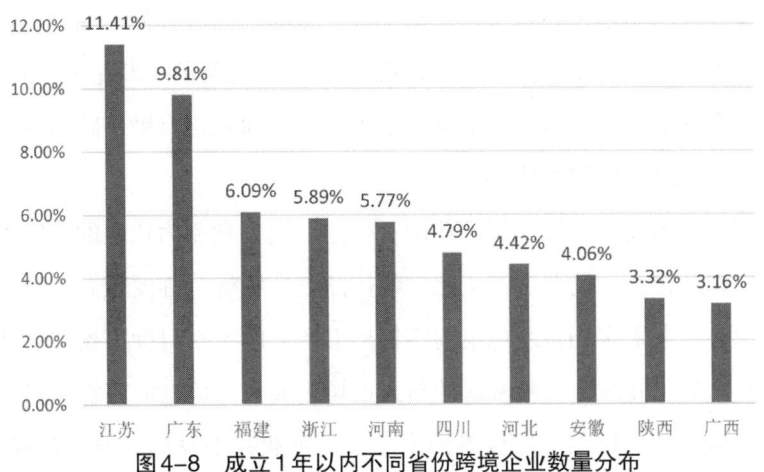

图4-8　成立1年以内不同省份跨境企业数量分布
资料来源：《中国跨境电商出口发展报告(2021)》。

从上述数据可以看出，跨境企业成立较早时间的省份数量最多的是广东省，占比远远高于其他省份，且份额占比较大。紧接着是浙江、福建等省份。江苏近两年的跨境企业发展迅速，一年内成立的跨境企业数量位居全国首位，说明江苏的跨境贸易发展环境比较良好，能够吸引资金开展跨境业务。广东省新成立的跨境企业占比低于江苏省2%，尽管广东省跨境贸易发展较早，但仍然有上升的空间。无论是吸引新的企业投入的省份，还是较早就开始发展贸易的省份，这些省份大多数是位于沿海地区，传统对外贸易发展也比较成熟。因此，这些地区的跨境电商发展才有较好的基础。同时，在东部跨境电商发展较快的省份，跨境电商能够拉动东部外贸发展。对于中部地区的贸易发展，比较靠前的则是湖北、河南、安徽等省份，这些省份的跨境电商发展与中国所推广的政策扶持，加上精准扶贫与电商结合，本土电商发展迅速，为跨境业务发展积累经验。西部地区的省份跨境企业就分布较少，主要与西部地区自身经济发展与发展环境相关。但随着东部产业向西转移，试区经验推广全国，西部未来跨境电商交易上升空间巨大。

三、跨境电商的发展趋势

（一）商品品类和销售市场更加多元化

随着跨境电商的发展，跨境电商交易商品向多品类延伸，交易对象向多区域拓展。从销售商品品类看，跨境电商销售的商品品类主要为服装服饰、电子商品、计算机及配件、家居园艺、珠宝、汽车配件、食品药品等方便运输的商品。不断拓展销售品类已成为跨境电商业务扩张的重要手段，品类的不断拓展，不仅使"中国商品"和全球消费者的日常生活联系更加紧密，而且也有助于跨境电商抓住最具消费力的全球跨境网购群体。

从销售目标市场看，以美国、英国、德国、澳大利亚为代表的成熟市场，由于跨境网购观念普及、消费习惯成熟、整体商业文明规范程度较高、物流配套设施完善等优势，在未来仍是跨境电商零售出口产业的主要目标市场，且将持续保持快速增长。与此同时，不断崛起的新兴市场正成为跨境电商零售出口产业增长的新动力：俄罗斯、巴西、印度等国家的本土企业并不发达，但消费需求旺盛，中国制造的商品物美价廉，在这些国家的市场上优势巨大。在中东欧、拉丁美洲、中东和非洲等地区，电子商务的渗透率依然较低，有望在未来获得较大突破。

（二）交易结构上，B2C 占比提升，B2B 和 B2C 协同发展

跨境电商 B2C 这种业务模式逐渐受到企业重视，近两年出现了爆发式增长，究其原因，主要是跨境电商 B2C 具有一些明显的优势。相对于传统跨境模式，B2C 模式可以跳过传统贸易的所有中间环节，打造从工厂到商品的最短路径，从而赚取高额利润。在 B2C 模式下，企业直接面对终端消费者，有利于更好地把握市场需求，为客户提供个性化的定制服务。与传统商品和市场单一的大额贸易相比，小额的 B2C 贸易更为灵活，商品销售不受地域限制，可以面向全球 200 多个国家和地区，可以有效地降低单一市场竞争压力，市场空间巨大。

（三）交易渠道上，移动端成为跨境电商发展的重要推动力

移动技术的进步使线上与线下商务之间的界限逐渐模糊，以互联、无缝、多屏为核心的"全渠道"购物方式将快速发展。从 B2C 方面看，移动端购物使消费者能够随时、随地、随心购物，较大地拉动了市场需求，增加了跨境零售出口电商企业的机会。从 B2B 方面看，全球贸易小额、碎片化发展的趋势明显，移动技术可以让跨国交易无缝完成，卖家可随时随地做生意。基于移动端媒介，买卖双方的沟通变得非常便捷。

（四）在大数据时代，产业生态更为完善，各环节协同发展

跨境电子商务涵盖商检、税务、海关、银行、保险、运输各个部门，产生物

流、信息流、资金流、单据流等数据。在大数据时代，这些都是可利用的信息，企业通过对数据的分析，为信用、融资、决策提供了依据。随着跨国电子商务经济的不断发展，软件公司、代运营公司、在线支付公司、物流公司等配套企业都开始围绕跨境电商进行集聚，其服务内容涵盖网店装修、图片翻译描述、网站运营、营销、物流、售后服务、金融服务、质量检验、保险等，整个行业生态体系越来越健全，分工更清晰，并逐渐呈现出生态化的特征。

四、中国跨境电子商务发展的机遇和挑战

（一）中国跨境电子商务发展的机遇

1. 世界跨境电子商务市场潜力不断显现

随着信息通信技术的飞速发展以及各国联系的日益密切，世界跨境电子商务市场的潜力不断显现。如今世界经济持续复苏，传统需求呈现增长态势，同时，跨境电子商务在世界范围内的快速兴起与广泛渗透使得各国的消费需求能够被及时、快捷、准确地掌握，中国依托于跨境电子商务平台同其他国家开展贸易逐渐成为趋势。与此同时，人工智能时代的到来使得数据在生产生活中扮演着越来越重要的角色，与数字化知识与信息相关的贸易活动前景广阔。如今中国正着力发展更高层次的开放型经济，政府出台的多项举措促进形成了全面开放新格局。尤其是由中国发起的"一带一路"倡议在世界范围内得到了众多国家的积极响应，这为中国更深层次地融入世界市场创造了良好的外部发展条件，对于中国的跨境电子商务进一步繁荣发展无疑是宝贵的机遇。

2. 世界消费者个性化需求不断增长

随着生活水平的提高和生活方式的转变，人们的消费观念与消费习惯也在不断地变化，标准化的产品与服务已经不能与消费者的偏好相契合，消费需求逐渐呈现出个性化、时尚化、多样化的特点。这种趋势对企业的产品生产与服务定制提出了新的挑战，依靠产品与服务的规模效应获利的传统贸易模式已经难以满足时代要求。然而，这恰恰为跨境电子商务带来了良好的发展机遇，跨境电子商务平台化、普惠化的特点正是新形势下相对于传统贸易的优势所在。一方面，跨境电子商务突破了时空限制，使生产与消费之间的高效沟通得以实现，消费者的个

性化需求能够被生产者及时了解与掌握。另一方面，跨境电子商务平台汇聚的消费者偏好、市场占有率、贸易流量等多方面信息为企业进行产品生产和服务定制提供了更多的参考依据，消费者的独特需求得到满足的可能性大大提高。世界范围内不断增长的个性化消费需求成为推动中国跨境电子商务进一步发展的重要源动力。

3. 中国跨境电子商务产业优势不断加强

在政府和市场的共同推动下，中国跨境电子商务发展迅速，交易规模不断扩大，市场结构持续优化，行业发展质量不断提升，在世界范围内处于领先地位。同时，随着跨境电子商务发展的外部环境日趋完善，线上交易的规范化程度不断提高，各类电子商务企业活力竞相迸发。传统占据优势的淘宝天猫、京东、苏宁易购等电子商务平台努力寻求线上线下融合新模式；新出现的拼多多、美丽说、蘑菇街等平台积极细分市场、准确定位以提高市场份额；敦煌网、速卖通、网易考拉等跨境电子商务平台也不断谋求经营突破。市场内外部环境的不断完善正推动着中国的跨境电子商务产业朝着更加注重效率、质量与创新的方向迈进。跨境电子商务产业的先行优势有助于不断丰富其组织形态、拓宽交易主体范围、扩大交易选择空间，在此优势引领下，跨境电子商务必定会迎来更为蓬勃发展的崭新阶段。

4. 中国数字技术领先优势不断扩大

如今，一大批新兴技术进步飞快，正加速推动贸易的数字化变革。移动互联网的不断革新推动电子商务交易平台进一步实现普惠化，物联网的大范围覆盖帮助企业及时完成产品的信息交换与通讯，大数据、云计算、人工智能技术的广泛应用有助于为消费者的消费行为和厂商的生产行为提供有效参考。在政府的大力支持以及国内众多优质企业与科研机构的不断努力下，中国的数字技术发展处于世界领先地位。在移动互联网方面，中国在 5G 网络技术研发、测试和验证方面取得了重要突破，正在推动形成全球统一 5G 标准；在物联网方面，中国电信建成全球首个覆盖最广的商用 NB-IoT 网络，华为公司提出的 NB-IoT 技术方案获得了 3GPP 批准，成为国际标准；在大数据、云计算方面，中国的大规模并发处理、海量数据存储、数据中心节能等关键技术取得了突破，阿里飞天平台、百度大脑、微信开放技术平台等云计算平台国际领先（国家网信办，2018）；在人工智能方面，截至2017年6月，中国人工智能企业数量高达592家，占全球人工智能企业总数的23%，研发能力不断提升（腾讯研究院，2017）。数字技术领先优势的不断扩大为中国跨境电子商务实现更快发展提供了坚实的技术保障。

（二）中国跨境电子商务发展的挑战

1. 数字经济区域协同化有待统筹

数字技术突破了地理空间的限制，使得跨区域的各主体能够更容易地参与同一经济活动中。因而，与传统经济活动相比，数字经济活动特别是跨境电子商务的参与主体更多、涉及的区域范围更广。但值得注意的是，中国数字经济区域发展不协调问题较为突出，数字经济的规模效应难以得到有效发挥。如何有效统筹中国各省市数字经济的发展，提升数字经济的区域协同化水平，是当下中国数字经济发展一个亟待解决的问题。

2. 跨境电子商务发展生态圈有待优化

中国跨境电子商务发展水平位居世界前列，但中国跨境电子商务发展环境与西方发达国家仍存在一定的差距。跨境电子商务发展环境主要体现在通信基础设施、支付方式、物流绩效、电子商务技能、法律监管等多个方面。为了充分释放中国跨境电子商务的市场潜力，有必要进一步优化跨境电子商务发展的生态圈，包括但不仅限于以下几点：完善通信基础设施，降低宽带等通信费用，提高互联网普及率；培育专业化的跨境电子商务人才队伍，提升大数据、云计算等专业技能；加快跨境电子商务相关法律法规建设，为跨境电子商务发展提供制度保障。

3. 制造业产业融合优势有待确立

数字贸易时代，产业融合在经济系统中越来越普遍，产业的发展基础、产业之间的关联、产业组织形态和产业布局等方面正在发生根本性的变化，其中尤以制造业最为突出。随着信息产业与传统制造业的加速融合，数字技术与传统生产技术互相渗透，数字化、智能化和网络化的发展趋势逐渐显现，传统工业化的生产方式正在经历着巨大的变革。传统的制造业企业竞争优势很多已不复存在，全新的产业融合竞争优势尚未确立。如何以跨境电子商务为突破口，充分发挥数据资源在生产过程中的作用，提升企业数字化、智能化水平，加快转变产业组织形态与产业布局,从而在世界范围内确立全新的竞争优势,是中国在数字贸易时代面临的一大挑战。

4. 数字化转型潜在风险有待规避

跨境电子商务发展的过程,同样也是传统贸易以及相关制造业转型升级的过程。以阿里巴巴、京东等为代表的电子商务崛起后,线下零售行业顾客大量流失,传统线下批发市场营业额大减,传统零售与批发行业成为跨境电子商务时代的弱势行业。这些行业如果无法尽快实现数字化转型升级,则很难避免被淘汰的命运。传统制造业同样受到跨境电子商务的冲击,企业将越来越多地面对个性化、碎片化的产品需求,原有的生产组织形式难以适应新形势的需要。此外,人工智能等自动化技术的广泛运用,使得企业对劳动力的需求大减,结构性失业问题突出。如果这一系列的矛盾没能得到有效解决,势必将会阻碍跨境电子商务发展的步伐。

第五章 跨境电子商务存在的问题及原因分析

一、跨境电商支付问题及其原因分析

跨境电子商务模式逐渐成为当前全球经贸的重要交易方式之一，由于其具有全球性、即时性、匿名性等特征，使用的范围不断地得以推广和增加。再加之跨境电商是在互联网 IT 技术的发展基础之上应运而生的，加上不断深化的无纸化操作，很多信息的虚拟性本身就潜藏了许多风险。随着全球货品的交易往来逐渐密切，跨境电子商务支付则变得不可避免，目前而言，跨境电商的支付方式有两大类：网上支付（包括电子账户支付和国际信用卡支付，适合小额的跨境零售，如：visa、Mastercard、Aerica Express，以及 PayPal、Cashpay 等）和银行汇款模式（适合大金额跨境交易，如电汇、西联汇款和 Money Gram 等）。在这过程中最先需要面对的则是获得消费者的绝对信任，然而实际操作中所涉及的问题远远不止支付信任，因为账户的真实性、物流环节，以及各国政策等都可能引发诸多跨境支付问题，而本节就支付问题的几个常见原因进行探讨。

（一）欺诈导致的交易损失问题

跨境支付欺诈是很多电商都遭遇过的问题，也给企业带来了不小的损失。但是如果只是为了避免潜在风险和损失而拒绝客户，则会给企业的发展带来非常严重的损失，消费者也因此丧失更为多样的购物体验。作为跨境电商的主流消费市场，欧美国家的信用卡普及率是相当的高，很多国外消费者也喜欢通过信用卡消费，所以很多跨境电商企业也大多愿意接受类似国际卡组织 VISA 或者 Mastercard 所发行的信用卡。而当下信用卡支付方式大致分为两种：凭密支付和无密支付，由于凭密支付一般需要发卡行、收单行甚至第三方购物平台等多方的验证，增加了授权失败的可能性。而为了避免高失败率所造成的支付体验受挫，提升持卡者的消费体验，银行配合众多电商企业更倾向于免密支付，在输入卡号后，只需再输入有效期或CW2即可完成整个支付流程，除了提高支付成功率以外，这一举措却也同时给犯罪分子提供了钻空的可能性。与此同时，由于跨境支付涉及不同的国家，当一笔交易发生欺诈时需要追溯的路径环节也很长，往往需要3个月至4个月才能判定交易的属性。另外，跨境支付的交易方遍布全球各地，同时还需要24小时不间断地承受来自各地的网络犯罪分子的袭击，这一系列问题都异常考验跨境支付的风控管理。

（二）丢件或延时等物流原因导致的无法结汇收汇问题

跨境电商的发展离不开跨境物流业的发展，目前跨境电商模式主要分为B2B、B2C、C2C这几种模式。而B2B，因为是企业对企业，所以绝大多数时候都是通过传统的报关，集装箱运输，海运或者空运运输到目的地，所有的报关信息是被纳入在国家海关系统中的，是可查询的。可是涉及B2C、C2C，由于消费者是个人，运输方式又通常采用的是快递或者国际小包，交易信息并未被纳入海关系统登记记录。而在整个交易过程中，当一笔订单生成，款项被第三方支付平台冻结，直至货品到达、买家签收确认后，第三方支付平台才会把冻结的款项释放给卖家。这个过程中，快递、运输代理公司，或者船公司、航空公司的很多环节一旦出现问题，货品未能按时到达买家手中，就会造成非常复杂的问责追溯问题。卖家按照规定已经将货物发出，买家也支付了款项，因货物的丢失或者损坏，延时造成的交易失败也影响了跨境电商的支付成功率。

（三）币种或平台限制原因导致的支付障碍问题

跨境电子商务的交易涉及商品的国际流通，因此就必然会涉及所属商品资金流的变动，从而产生了资金的结售汇和收付汇这两个概念。从支付上说，结汇分为人民币结汇和外币结汇，虽说从2009年开始，人民币结汇已经成为一种新的可接受的跨境支付方式，但是，外汇结算方式还是以外币结汇作为主要的结汇方式。从路径上说，付汇的方式一般分为三大类：第三方购汇支付、境外卖家接受人民币支付作为替换、通过国内的银行进行购汇。从结汇上说，出口卖家一般通过第三方代收汇、通过国内银行收汇、个人名义拆分结汇等。就目前全球最主要的6大跨境电商平台的支付方式对比上说，大多都会有1%—3%的手续费，并且会有限额的要求。前些年个人限额在年5万美元，虽说可以通过其他渠道最终支付 5 万美金以上的金额,但是流程非常烦琐,很大程度上限制了跨境交易的进展。

(四)各国政策、语言文化差异导致的支付障碍问题

全球经济贸易体系正在以一个飞速的方式不断地改善、革新,跨境电子商务作为经济全球化的主力代表,在世界各地被广泛使用,但是各国由于不同的清关政策、征税制度等,加深了跨境支付的复杂度。再加上不同国家的文化和语言,使得在具体支付事宜上增加了重重障碍。所以,有着贸易往来的国家间应该加强彼此间的沟通合作,确定一套跨境电商的管理基准,简化由于文化、政策、语言等不同而造成的冗繁支付程序,打造共同的大市场,提高终端消费者的支付体验,促进共同的贸易发展。

二、跨境电子商务的税收问题及其原因分析

跨境电商涉及不同国家、地区通过互联网和相关互联网平台进行交易,由于涉及的国家或地区众多,各国家、地区间的差异较大,对实体经济带来了新的挑战。同时,由于绝大多数的操作是在线操作,也就对传统的税收制度、税收政策、税收管理提出了新的要求。

(一)跨国贸易征税信息取得难度大引起的税损问题

纳税人身份信息确认很难,一般贸易中,纳税人都是经过税务注册登记的,所发生的交易行为以及涉及的纳税行为都更容易被追踪。但是跨境电商是通过电子网络平台,经过下单、在线支付、国际运输等,甚至有些商品本身不属于实体商品,根本无须以实物运输来体现整个交易流程,这样一来,具体的真实性就难以保障并且确认。而且国际是否应该规定并设立常设机构来管理国际的税务问题等目前依然很难达成一致,因此跨境电商中,很多课税对象的性质以及信息是很难得以确认和界定的。

(二)税源监控工作薄弱导致的诸多税务问题

目前对于跨境电商的税收方面还有很多基础性的问题亟待解决,尤其是在税责分离之后,税务的征收、管理和检查权责不明确,分工不清晰,而且相关环节的协调也很大程度地存在"疏于管理,淡化责任"的问题。而税源流失是一个大

问题，很多税源很难落实成最后的现实税收收入。因为跨境电商的分散和监控艰难，税收部门很难清楚地掌握税源的具体信息，比如规模和位置，所以导致了征收管理的工作存在很多盲点。

1. 目前税收制度本身的问题

税收制度存在，是因为它是对纳税主体的法律强制性的规定，可是跨境电商涉及的区域国家各有不同的制度习俗，制度的统一性很难达成，这样一来就缺乏制度上的统一规定用以确保征税的方式和渠道。

2. 管理运作机制存在的问题

正如上文所提，存在很多职责和权益模糊不明确的问题，以及因此而带来的税源流失。

3. 管理性缺陷

跨境电商的特殊属性决定了很多网上的经营者不需要领取营业执照，或者相关的税务登记，所以也就谈不上纳税了。面对的客户来自世界各地，没有税务登记固定的场所，长期不需要纳税导致税源的大量损失。

4. 信息上的不完整

跨境电商很多都是个人，不会像企业那样每月上报财务报表，即或是企业卖家，也大多存在少报漏报甚至不报的行为。再加上电子商务很多贸易流程都是电子化的，很难监控到所有的交易情况。因此它所造成的税源损失是多层面的，可能发生在生产环节，也可能发生在交易环节，或者运输环节。

5. 政策性配套的滞后以及或缺导致税源的流失

很多地税部门无法站在全局的角度考虑问题，出台的很多政策也只是从小区域着眼，存在地方保护主义，过于狭隘地制定了一些不合理的政策用以鼓励发展当地对外贸易，或者违规减税、免税、缓税而造成的税源失控。总之，经济全球化后，税源监控方式滞后发展，难以适用全部环节，造成税源的大量损失。整个现行的监控体系是在计算机技术和互联网技术的基础上建立的，但是它所面对的监管对象确是复杂的人，所以导致很多东西是无法控制的。推进责任区官员的制度在强化税源监控力度方面就显得尤为重要了。

（三）税收制度无法全面覆盖引发的逃税问题

跨境电商发展速度虽说迅猛，但是它的问题却越来越凸显。比如说在相当长的一段时间内税收征收监管范围是不涵盖跨境电商的销售群体的，甚至到了2014年，也没有多少卖家有主动纳税的好行为，可以说电商领域应该是逃税现象的重灾区。有鉴于此，国家财务部、税务总局，联和海关总署在2016年的第二季度颁布了《关于跨境电子商务零售进口税收政策的通知》，并于同年4月8日开始实施税收新政并对现行的行邮税进行调整，见表5-1。该新政的实施在社会上产生了广泛的影响。

表5-1　2016税收改革前后数据标准对比

	改革前	改革后
保税进口模式(B2C)	征收行邮税，税率分为10%、20%、30%和50%四档，(50元以内免征)	征收进口环节"关税+增值税+消费税"，取消税额50元以下免征额度。单笔限额2000元以内，关税税率暂设为0，按应纳税额的7折征收；如单笔价值超过2000元，则按一般贸易进口货物全额征收
直邮模式	征收行邮税，税率分为10%、20%、30%和50%四档，(50元以内免征)	征收行邮税，税率调整为15%、30%、60%三档，保留50元起征点
一般贸易模式	全额征收进口环节关税+增值税+消费税	全额征收进口环节"关税+增值税+消费税"

表5-2　跨境电商零售进口税改前后对比

跨境电商零售进口税改前后对比		
	旧政下的个人邮政物品进口税（行邮税）	新政下的综合税
每笔交易最大限额	人民币1000	人民币2000
每人每年总的交易限额	无	人民币20000
单次单间交易超过每笔最大限额	根据个人行邮税征税	按一般贸易关税全额征税
适用税率	根据商品种类分别按照10%、20%、30%和50%四个档征税	进口关税：暂定0% VAT(17%×70%)：11.9% 消费税：根据商品种类所述不同税率×70%
应付税额小于等于人民币50	免	免

根据表 5-2，进口方面，对于邮寄物品不再设立行邮税，而开始根据不同的货物来征收关税、增值税以及消费税。一举打破了跨境电商坐享零税收的福利时代，新政改革规定和过去旧的税法相比做出的最大修改就是，对于个人免税跨境交易设置了门槛，单次 2000 元以内免关税，全年 2 万元人民币以内免关税。而增值税和消费税从原来的免征收改成法定税额的 70%。单次超过 2000 元人民币，或者全年累计超过 2 万元人民币均按照一般贸易的规定全额征收税费。参照表 5-1、表 5-2 可以看出，以前的行邮税时代单次低于 1000 元，征收行邮税，根据货物不同，征收税率划分为 10%、20%、30%、50% 四个档次，然后绝大多数货物的税费基本是在最低档的层面，很多时候，当总的税额算下来低于 50 元时，根据规定是不用缴纳任何税费的，而且对于全年的交易额度也没有任何门槛限制。新政颁布之后，计税方式上做了很多调整，有升也有降。但是总体来说新政的实施从根本意义上结束了从税负层面来说和一般贸易不平等的时代，保税进口模式下的贸易纳税优势也不复存在，使得跨境电商进入了一个税制改革的新的发展轨迹。

三、跨境电商中的法律问题及其原因分析

日常生活中越来越多的跨境电商纠纷事件的频发，以及各样代购出现的问题，展现了我国对于跨境电商缺乏科学有效的法律制度对此进行监管的突出问题，很多不法的商家利用现行法律漏洞，严重地干扰了整个市场秩序，所以建立一套较为完善的法规制度去重塑整个配套的法律体系显得势在必行。

（一）立法方面的问题及原因

1. 因立法更新滞后造成的税损和通关问题

我国跨境电商的迅猛发展，正以一种势不可当的势头对国内贸易模式和理念产生颠覆性的影响。中国电商研究中心统计数据显示，2014 年跨境电商交易规模 4.2 万亿元，而到了 2016 年我国的跨境电商进出口额增速达到 33%。然后在这种快速发展的节奏背后，面临着诸多法律的困境，立法的滞后和缺失，现行标准的模糊不确定，例如现行的跨境电商的征收管理只是基于原有税法的补充，其改善功能是非常局限的。并且，对于跨境电商的交易双方没有明确禁止的通常会

被认定成可为的，给很多相关企业和个人提供了潜在偷税漏税的漏洞，造成国家税收的损失。而且目前国家并没有制定专门针对跨境电子商务领域的法律法规。在很长一段时间里，我国对于进口商品分为货物和物品，通关手续有很大的差别，所征收的税率差距也很大。很多商家为了避免被税，尤其那些没有进出口经营资质的小商户或者私人将货物分装成多件小包裹将货物转为物品的方式便可以规避掉很多烦琐的通关手续和税费。随着 2016 年发布的税收新政的公布和实施，从一定程度上减轻或者说调节了贸易不公平的现象，但是依然存在很多漏洞和不足的地方。一方面，新政依然存在偷税的漏洞，因为对于超过一年 2 万限额部分，以很简单的一个操作就可以规避，比如借用家人或者朋友的名义进行申报购买进行逃税避税。另一方面，新政的出台，使得私人代购和走私现象会加重，新政后进口商品的价格上涨，消费者为了省钱，会转向走私商品和私人代购。很多私人代购的本职工作可能可以经常出国，利用职务之便携带商品入境，通过托运行李，团体分摊行李重量的方式带回国销售，继而逃税漏税，所以说新政的漏洞也依然存在。而且即便这样，新政也是在电商发展火热好多年后政策才后补上的，所以加快立法的跟进速度是我们更好地发展跨境电商的后援保证。

2. 因物品的界定标准不明朗造成的征税问题

根据海关法以及相关进出口条例规定，对于进出口的货物和物品，允许海关依法征收关税，而货物和物品的界定是很模糊的，它们所征收的税率也是不一样的。截至目前，海关对于如何区分是货物还是物品，是没有依据的，只是在海关监管层面上允于区分，所以在实际操作中存在很大的争议，尤其在一些数码数字商品的归类上，关于很多物品的界定不明确，还体现在宁关法第 46 条规定物品应符合"自用""合理数量"的要求。虽说在《中华人民共和国海关行政处罚实施条例》中对其做出了相应的规定，但是跨境电子商务的很多环节都是电子化，网上操作的数据信息，很多交易自带隐匿属性，在这方面就很难允于界定。

（二）执法方面的问题及原因

1. 因商品属性的界定模糊造成执法操作困难

近日大量的"海外代购"是有牟利性质的一种私人贸易方式，从属性上说应属于货物而非物品属性，但是很多代购依然按照私人物品去申报，再或者明明属于交易类,但是按照"自用"申报,商品属性的难以确定也是在实际执法操作中出现的常见问题。这就要求我们的配套法律需要做大量的精细化细节化的工作,以确保执法层面的明确。

2. 因现实操作中以寄样,低报申报金额造成的逃税问题

2016年新政的实施,以婴儿奶粉为例,调整后的进口税按照15%缴纳行邮税,但是以货物方式报关,除此之外还需对产品征收5%最惠国关税税率,加上17%的增值税,有些低档的其他商品甚至还需要缴纳消费税。为了偷税漏税,很多商家或个人分包物品,这样就可以以自用"物品"的方式报关进口,或低报应申报的金额以"寄样"的借口作为渠道,用以规避或者降低所缴纳的税金。

(三)监管方面的问题及原因

跨境电商的监管也是其发展中非常重要的一个环节,由于电商的量小、批次多、来源渠道复杂、销售模式各异等特点,决定了检验检疫部门对跨境电商进出口的商品很难严格按照现行商检法的规定实施商检,质量安全问题因此凸显。就目前监管方面遇到的问题来说,涉及几个方面:

(1)质量安全风险难以监控,跨境电商量小、批次多、渠道复杂、销售模式不同决定了无法按照现行检验检疫的标准对商品进行商检,从而导致质量安全风险的提升。

(2)疫情难以预防,无论是人力还是物力检验检疫部门很难做到批批检疫,加上有些申报单位虚假申报用以逃避检疫,疫情很难严格控制。

(3)违禁物品难以完全禁止。原因和前文提到的问题类似,虚报或假报,使得真实信息很难捕获。

(4)一旦发生质量或者疫情风险,产品一经售出很难召回,因为跨国交易的属性。

(5)消费者的权益很难保证,在跨境电商交易中,由于销售者或生产商身处国外,如果销售商刻意逃避其售后责任的话,消费者基本无法享受售后服务、索赔、退换货等维权行为,因此很难得到切实保障,加上高昂的售后成本,很多卖家选择了忽视。

(6)产品的来源渠道各异,很难追溯,尤其对于进口到中国的商品,很多只具有采购发票而不具备原产地证。

（7）通关流程的繁杂、周期长、费用高，造成很多进口产品的滞港问题。

（8）检验标准的合理性需调整，有些热门产品的准入门槛和标准是否合理，在有效控制各相关风险的前提下，做出适当调整。

（9）在权责层面进一步地明确界限并给予法律支持。因为跨境电商本身所具有的最明显特征就是涉及众多贸易主体，地域广泛，交易复杂，需要配套的法律能够最大限度地明确各自权利义务以确保执法监管的实施。

（10）监管职责需划清，跨境电商涉及的很多进出口环节，海关、税务、工商、卫生检验检疫等各个单位的职责必须明确到位。

（四）纠纷方面的问题及原因

目前跨境电商 C2C 模式，涉及双方都是个人，并不占主体，而 B2C 模式中，一方是企业，另外一方则是个体买家，这种交易模式基础上产生的纠纷基本围绕着消费者纠纷。因为交易双方的不同，企业对个人很不平等，而且这类交易通常具有小额多量的特点。这种纠纷要解决的是如何加强消费者信心的问题，最可靠的解决通道就是为买家提供更多的保障和特殊的第三方担保。这种类型的纠纷是在所有纠纷案件中占主体的，也是本书重点讨论的部分。

B2B 的跨境电商纠纷因为交易双方都为企业，很多情况下和传统贸易的形式和内容类似，这种类型的纠纷一般更适合用传统的商贸纠纷解决途径来处理争议。所有的跨境贸易纠纷，就目前市场上，无外乎两大类型：知识产权方面的和消费者投诉方面的。跨境电商的迅猛发展，加增了追逐利润的厂商之间愈演愈烈的竞争，其中包含很多恶性的价格竞争，和一些因盗图和产品侵权之类的不正当竞争，而消费者类型的纠纷主要体现在运输方面引起的延迟、丢货、毁坏等，以及支付类纠纷、退换货纠纷、评价纠纷等。

目前最常采用的在线分歧方案又称 ODR(online dispute resolution)，一般指的是通过非法院式的调解所有在线电商争端的公证机构提供的一种机制，它和法院类似，都具备通过调解、谈判或者仲裁的手段，借助于 IT 技术平台互联网信息技术来实现问题解决的一种方案，这些解决手段中最常见的可能就是通过协商的方式来解决争端纠纷。ODR 解决纠纷分为在线协商、在线调解和在线仲裁这三种，而这几种处理方式都有一定的短板，下文就造成这些局限的原因逐一进行分析。

在线法庭处理跨境电商纠纷的局限在于跨境电商有很大的虚拟性，而且跨国跨地区，很难确定纠纷发生的实际所在地，以及具体环节，所以纠纷不确定的因素增多，很难把控到位。一笔交易可能涉及买卖双方所属区域，买家卖家的具体注册地址，以及电商平台的具体信息、授权情况、经营执照有效性、供货渠道、工厂所在地、工厂资质等一系列繁杂的信息确定，而一旦纠纷发生，依据哪个国家或者地区的法律作为评判标准就成为一个难题。而且通常投诉方会选择有利于自己的所属地法院来规避风险或者转嫁责任，诉讼判决结果很难得到其他国家的承认和执行，而且高昂的跨国成本也影响着此类纠纷的解决。

在线协商处理跨境电商纠纷的局限则在于范围很窄并且专业沟通渠道有限。当涉及的金额较少、争议相对较小时，在线协商可能有用，而当涉及的争议较大时，目前行业内对于消费者保护上是缺乏相应的机制的。通常在B2C模式中，和商家相比，消费者显得身单力薄，商家无论是在经济上还是人力上的压倒性优势使得很多消费者的诉求受到很大的限制，从这种意义上来说，消费者是处于劣势的。而部分大型电子商务的企业是缺乏充足的透明度的。

通过调解或者仲裁来处理纠纷也同样面临很多法律适用地、适用范围、所属管辖权，以及相应的执法力度问题。因为其除了必须具备传统法院的功能，也就是说矛盾的解决能力外，而且很多必须得让双方先签署同意书之后才能处理，而这一点恰恰违反了法律规定的必须建立在主动达成解决意向的前提上，因为整个过程是一种被动的外在表现，所以在线争端解决方案在管辖权问题上存在不小的问题，包括实际法律的适用程度和执法层面的困难。除此之外，淘宝国际站和京东也确实在跨国采购交易平台上自己设立了ODR平台，而往往像这种平台性质的跨境电商企业，因为其肩负的平台责任，很容易被境外公司就监管责任为由起诉，而类似亚马逊这类的平台与自营混合型的跨境电商企业则更容易因产品责任问题遭投诉。此类型的争端绝大多数都是因为卖家销售了低质量的产品或者涉及侵权的商品所产生而通过这种企业自设的ODR机制来处理，它与在线调解和仲裁的原则是相违背的。除此之外，目前我国为了更好地解决跨境电商的争端，成立了中国在线争议解决中心（china ADR）作为争端的解决方案，这是一种除通过走传统法律意义上的诉讼之外的任意一种争端解决处理方案的加总。之所以成立这个中心是因为很多时候我国的贸易仲裁委员会的在线跨境贸易问题处理的失效率比较高，买卖双方无法独立解决争端，所以需要一个总的调控中心去作为审判机构。

四、跨境电商中的物流问题及其原因分析

跨境电商物流是指分属不同关境的交易各方为了达成交易，借助电子商务平台进行下单、支付、结算，并最终安排第三方物流跨境运送商品以完成这种跨国交易的一种跨国贸易活动。跨境电商物流目前主要有三种：

第一种，跨境物流的主要形式根据货物的大小体积重量，通常通过国际邮政小包，很多国家和地区都有提供这样的物流方案，但是时间耗费得久，它和DMS、FEDEX、DHL快递比起来，价格优势明显。

第二种，目前开始越来越受到瞩目的跨境运输方式就是海外仓，它是指在他国地域上租赁或者建立一个中转仓，用以接收从国内运输来卖往国外的货品，或者从海外仓所在国收集货物用以运回国内以完成跨境电商运输的一个中转地。这种模式把很多碎小的订单统一起来，在跨国段运输中统一安排，有效地避免了全程单独运送带来的烦琐流程，提高了效率。所以现在越来越多的跨境电商平台和企业都积极地参与这种海外仓的筹备和建立，希望借此尝试降低运输成本和风险，提高企业运作效率。

第三种，是贸易公司自己不生产产品，从供货商或者工厂进货，然后专注开发自己的跨境电商平台，接着把商品放在自己的平台上赚取差价卖往国外，对于同一个国家的订单，通常聚集起来一起安排物流运输运往目的国。和这种物流运输方案很接近的模式就是很多经营类似商品的企业或贸易公司合作建立一个物流运输服务体系，用以服务加入这种合作组织的各类公司，实际运输时一起安排出运，将一些订单量波动不稳定的商品订单一起整合安排发往不同的国家地区。这种模式往往时间的花费会更久，且操作繁杂，很容易出错，但是对于一些中小型的贸易公司或者工厂，此举可以很大程度上降低运输成本。而会员身份的各单位需要前期投入一定量的资金来建立这样的一个服务机构并且要长期维持这个机构

的日常运作,所以如果企业过于微型,这部分的成本也是不容小觑的。我国跨境电商发展迅猛,有目共睹的成绩更是聚拢了无数的关注。从主流电商调查的数据中可以看出,跨境电商的发展趋势正旺,且势头越发强劲。然而,作为跨境电商必不可少的跨境物流的关注趋势与跨境电商却相差甚远,而作为跨境物流主力军之一的电商小包,更是连词条都没有被收录进主流电商平台的指数中。造成我国这种跨境电商和跨境物流趋势相差巨大的原因是诸多因素综合作用的结果。

(一)物流成本高昂导致贸易总成本上升的问题

物流成本高昂,物流成本占了总贸易成本的三分之一。因为跨国安排运送,需要国内国际物流相互配合,经历的环节众多,海关、检验检疫、货代、卡车陆地运输等加上商检、操作难度,都提高了物流成本。跨境电商很多都是B2C,而B2B更多时候涉及交易双方是中小企业,所以涉及的订单大多是小批量的。由于是直接交易,互联网数据技术使得流程便捷,便利程度提升了,客户便会按照实际所需现买现用,不会囤货。所以通常订单量大但是金额小,需要的物流服务也同样呈现批量小、频次高的特点了。所以在物流成本无法降低的情况下,具有小金融特点的跨境订单很难发展起来。

(二)物流运输和配送等导致的订单流失问题

跨境电商顾名思义就是跨越国境的,那么就必然会在不同国家地区间发生货物的运输,所以这中间的运输就必然会导致国与国之间的信息传输和交流出现很多潜在问题。货物发出一直到达最终消费者手中,历经众多的运输和中转环节,丢落货件、配送失误、地址错误等各种问题都有可能发生,再加上运输和配送周期长,导致跨境贸易的运输周期要远远长于国内电商物流,短则半个月长则好几个月。一些小金额的订单或者对保质期有要求的货物,因为购货到收货时间过长,造成订单的流失,这也是制约跨境电商发展的一个重要因素。

(三)不同的政策规定和习惯引发的配送障碍的问题

政治、文化、法律和海关等的不同和风险都使得跨境物流难度加大。不同国家清关政策、海关监管等每个可能的环节都有不同程度的差异,而货物需要历经不同的地域到达最终目的地。在这个过程中每到一处就要按照当地的规定和流程操作,尤其在转运的过程中,很容易发生信息的传输失误、运输方式的

第五章　跨境电子商务存在的问题及原因分析

临时修改,或一些不可预测的突发情况。跨境物流需要面对的是不同的政治、知识产权、地区习惯风俗、政策的变化、宗教信仰和本地保护主义,这些都是拦阻其发展的因素。

(四)汇率变化引起的物流风险和交易风险问题

由于跨境电商的订单额通常都很小,所以利润大多非常低。如果两国间汇率的波动过于频繁,汇损比重过高,就会导致很多买家弃货,造成物流成本无法追回,尤其在运费规定货物收到后付款的,如果由于买家弃货,无法有效达成交易。可见,物流费用支付这类风险也是制约跨境电商发展的一个不容忽视的问题。

(五)退换货困难导致的高货值商品在线交易量少的问题

退换货困难,路程长,跨国物流的过程中,可能会历经很多道手续的装货卸货、转港、报关、抽验等,那么丢货、货物损伤、货物变质的可能性增加,再加上跨文化跨语言的信息传输,很容易造成地址的失误、数量的错报等一系列的问题,都增加了跨境物流的难度。

(六)跨境卖方专业水平低导致的运输、投递失败的问题

关于跨境卖方专业水平低导致运输、投递失败等问题的原因大致有两方面:一方面,据了解,近年来基于国内电商的发展,国内的跨境电商在此基础上发展起来了。很多跨境卖家是从淘宝、京东等国内电商转型过去的,他们大部分对国际贸易和跨境物流流程停留在国内快递的理解水平上,导致在实际货物投递的过程中出现很多问题。国内一位深圳电子产品的卖家将货物卖给一位欧洲买家,买家因迟迟收不到货而投诉卖家,卖家通过和物流商排查后发现,此货物没有带CE认证标识,在海关被扣,导致客户收不到货。另一方面,由于卖家对跨境电商知识上的匮乏导致贸易或物流的每个环节都过分依赖物流服务供应商,卖家在这个过程中扮演了一个"巨婴"的角色,不能分清服务的界限导致很多环节效率低下、低妥投率、高问题率等都是阻挡物流发展的因素,所以提高卖家的整体专业度也是很重要的一方面。跨境电商的多样化的发展趋势要求物流企业必须提供多层次的物流服务,在跨境贸易中,针对不同的订单,从品类、运送国家、时效、成本等不同环节,我国目前物流服务无法提供出最优化的整体组合方案,资质渠道各异。

五、跨境电子商务的人才问题及其原因分析

（一）我国电商发展的专有特点引起的从业人员知识欠缺问题

行业迅猛发展背后，我国跨境电商的一个非常明显特征是，在20世纪90年代末期，电子商务开始兴旺，时隔数年跨境电子商务便很快兴起。很多卖家是从国内电商平台直接转向国际电商平台进行跨境交易的，所以在专业度上的欠缺，导致跨境物流问题增多。据有关数据调查，中国很多跨境电商卖家的外语沟通能力、清关流程的掌握、税收制度的了解滞后于国际平均水平。为了能跟上产业的发展，各高校、学院以及培训机构更多地设立促进跨境电商发展的相关专业，比如跨国文化方面的语言交流、跨境电商平台的IT支持，或者配套的法律人才、销售人才的培养。

（二）缺乏系统专业的教材造成的人才培养问题

行业的发展必须有一批专业高素质人才的就位，但是目前我国非常欠缺一整套可以联合国内外学者专家编纂的系统性教材，用以供给相关学院和机构使用，使得专业人才的培养更能保证质量。一套完备的教材和师资力量才是行业持续发展的源动力。

（三）岗前培训市场冷淡造成的人才供给问题

目前跨境电商发展的速度和其人才的供给不匹配，对于岗前培训领域的关注度普遍低下，更多交易商只是关注平台的开发以及交易的本身，而很少关注人才的培训。原因在于此类培训大多利润低下，并且周期长投入大，个人或者小型团体很难胜任。这方面可以让政府出面，牵头鼓励民间开设培训机构并给予一定的财政补贴，或者结合具体企业的需要制订人才培养计划，有针对性地发展一些岗前培训，再或者，可以通过促进有经验的企业开展跨境电商专业培训等的方式来加强跨境电商人才的培养。

第二部分　数字经济背景下中国跨境电商人才培养研究

第六章　跨境电商人才培养研究

一、跨境电商人才需求分析

（一）跨境电商行业的人才需求特征

跨境电商是一个快速发展的行业，随着数字经济和全球化的兴起，它已经成为一个重要的领域。该行业的发展不仅推动了全球贸易，还提高了对人才素质、能力和技能的要求。因此，了解跨境电商行业的人才需求对于大学生的专业和职业规划以及企业的人才管理非常重要。跨境电商行业对人才的需求呈现以下特征，见表6-1。

表6-1　跨境电商行业对人才需求的特征

人才需求特征	人才特征具体表现
跨境电商领域的专业知识	跨境电商行业是一个新兴的行业，因此工作岗位要求员工了解相关领域的专业知识，如知识产权、海关政策、贸易关系等。特别是在跨境物流、运营推广和电子商务方案的设计和执行方面，了解相关的知识对从业人员来说是必要的
良好的跨文化沟通能力	跨境电商企业的业务需要和世界各地的合作伙伴、客户打交道，所以跨文化沟通方面的能力很重要。了解外国语言、文化背景和社交礼仪等知识，可以增强企业人员在国际贸易中的沟通协调能力，提高企业国际竞争力
敏锐的市场洞察力	跨境电商行业是一个高度竞争的市场，要想在市场上获得竞争优势，需要有敏锐的市场洞察力。通过市场调研和数据分析，了解市场发展趋势和竞争对手的行动，评估行业变化和客户的需求和偏好等，可以更好地把握商机和做出明智的决策
创新思维和开拓能力	跨境电商行业的快速发展，在一个不断变化的环境中提供了无限的机遇。因此，从业人员需要具备创新思维和开拓能力，不断创新、改进业务流程和产品，开拓新的市场和客户。同时，从业人员还需要具备适应环境的能力，不断学习和拓宽视野，以适应不断变化的市场需求和新的技术趋势
独立解决问题和合作能力	跨境电商业务需要员工有独立解决问题和自我管理的能力，能够独立思考和处理问题，灵活应对突发事件，同时又具备团队合作的能力，能够有效地协助和支持同事，一同完成固定的工作任务
多维度的动手能力	跨境电商业务涵盖多个环节，需要员工具备多维度的动手能力。例如，处理商品采购退货、物流仓储管理、商品拍摄/处理、在线客服等方面都需要从业人员掌握实际操作技能，同时也需要具备良好的抗压能力

(二)跨境电商人才的关键能力与技能需求

跨境电商行业的迅速发展给人才需求带来了新的挑战。为了在这个竞争激烈的行业中脱颖而出,跨境电商人才需要具备一系列关键的能力与技能。以下是跨境电商人才的关键能力与技能需求。

表6-2 跨境电商人才关键能力与技能

关键能力与技能	具体表现
跨文化语言能力	跨境电商通常涉及与不同国家和地区的供应商、客户和合作伙伴进行沟通。因此,具备良好的跨文化沟通能力和至少一种外语的流利运用能力是十分重要的
国际市场和贸易知识	跨境电商人才需要了解各个国家和地区的市场特点和消费习惯,以便制定适合的市场营销策略。同时,了解国际贸易的相关法规和政策也非常重要,有助于避免纠纷和风险
数字化能力	跨境电商行业高度依赖信息技术和数据分析。人才需要掌握电商平台操作、网络营销、数据分析等技能,能够运用各类电商工具和平台,对数据进行深入分析和利用
项目管理与执行能力	跨境电商项目往往涉及多个环节和合作伙伴,人才需要具备良好的项目管理和执行能力,能够协调各方资源,控制进度和质量,确保项目顺利推进
市场营销与品牌推广能力	跨境电商需要针对不同的市场制定相应的营销策略,因此人才需要具备市场调研、品牌策划和推广等技能,能够有效营销和推广自己的产品或服务
创新和创业精神	跨境电商行业竞争激烈,需要人才具备创新思维和创业精神,勇于面对挑战和变化,主动寻找机遇,开拓新的市场
团队合作能力	跨境电商项目通常需要与多个部门和团队合作,人才需要具备协调、沟通和合作的能力,能够与不同背景和专业的人员有效地协同工作
解决问题与应变能力	跨境电商行业常常面临复杂的问题和挑战,人才需要具备快速解决问题和应对突发状况的能力,能够灵活应对各种情况

总结起来,跨境电商人才需要具备跨文化沟通能力、国际市场和国际贸易知识、数字化能力、项目管理与执行能力、市场营销与品牌推广能力、创新和创业精神、团队合作能力以及解决问题和应变能力。通过不断提升这些关键能力与技能,跨境电商人才将能够适应行业的发展需求,为企业的成功和行业的发展做出贡献。

(三)人才培养和企业需求的衔接

随着跨境电商行业的不断发展和完善,相应的人才培养也日益重要。企业对于人才的需求更侧重于全面发展的优秀员工。大学生应当选择有关跨境电商的专业,学习相关课程,不仅要培养自己的跨境电商业务能力,而且要培养自己多维度发展的能力。同时，在跨境电商行业的人才培养与企业需求的衔接中，有以下关键点需要注意：

1. 多元化跨境电商专业课程的设置

大学应该建立多元化的跨境电商专业课程。跨境电商涉及市场营销、国际贸易、数据分析等多个领域，大学可以应该根据市场需求和趋势设置相关课程。学校通过授课、案例分析、实践演练等多种教学形式，激发学生学习兴趣，提高本专业学生的职业素养。此外，学校还可以开设模拟企业课程，让学生亲自参与企业运作，全方位提升学生的实践能力。

2. 校企合作，为学生提供更多的实习和就业岗位

实践是跨境电商行业人才培养的重要组成部分，大学应该积极引导学生参与跨境电商相关的实习项目，提供实践机会，让他们在工作中积累经验并且拓宽视野。同时，鼓励学生参加企业面试和交流活动，让学生更了解企业需求和获得工作机会。

3. 为学生提供更多的跨学科课程和培训

跨境电商人才需要掌握丰富的技能和知识，具备跨文化沟通和解决问题的能力。学校可以开发跨学科课程，将各学科的知识进行整合和交叉，培养学生的创新思维、解决问题的能力。同时，学校应该为学生提供相关的培训机会，提高学生的职业素养和能力。

4. 组织一些社会实践或竞赛活动

学校还可以积极引导学生参与社会实践和竞赛活动，通过参与各式竞赛、海外研修项目或者社会实践，学生可以接触到各类企业实践，增加社会资源及人脉，提升职场竞争力。同时，学校应该建立跨境电商创新创业孵化平台和工作室，鼓励学生参与期刊、书籍和软件开发等活动，积极推进学生在跨境电商领域的创新创业能力。

综上所述，为了完善跨境电商人才培养，大学应该建立一整套体系，并且与企业紧密合作。通过制定多元化的课程设置、提供更多的实习和就业岗位、为学生提供跨学科培训、积极引导学生参与社会实践和竞赛活动，大学可以使学生更多地了解跨境电商，满足企业对多样化和复合型人才的需求，同时注重学生职业

能力的提升。这样，学校可以为跨境电商行业培养出更多具有实际操作和创新能力的人才，推动行业的进一步发展。

5. 加强国际交流与合作，提供留学交换机会

跨境电商是一个全球化的领域，具有强烈的国际属性。通过与国外大学或相关机构进行合作，学生可以在全球范围内了解不同的商业模式和文化背景，培养跨文化交流能力和全球视野。同时，学校也可以邀请国际知名跨境电商企业的代表来校园进行讲座或分享经验，让学生更深入地了解跨境电商的国际化特点和机遇。

6. 为学生提供持续学习和发展的机会

跨境电子商务行业发展日新月异，技术和趋势也在不断演进。学校可以建立跨境电商人才培训中心，提供定期的培训课程和研讨会，帮助学生和业界人士跟上最新的发展。此外，学校还可以建立校友网络和行业交流平台，提供学生与行业专业人士的交流机会，共同学习和成长。

总之，为了做好跨境电商人才培养与学校教育的衔接，大学应该将职业素养教育贯穿于课程体系中，与企业密切合作，提供实践机会和就业岗位，加强跨学科教育和国际交流，为学生提供持续学习的机会。通过这些措施，大学可以培养出具备实际操作和创新能力的跨境电商人才，为推动行业的发展做出贡献。

二、中国跨境电商人才培养现状

在数字背景下，中国高校跨境电商人才培养逐渐受到重视，为满足跨境电商行业的需求，高校在课程设置、实践教学、企业合作等方面进行了一系列探索和创新。中国跨境电商人才培养现状如下：

第一，跨境电商相关专业课程开课率增加。更多高校开始重视开设跨境电商相关专业课程，开课率持续增加。与跨境电商相关的专业课程包括国际贸易、市场营销、电子商务、供应链管理等内容，涵盖了跨境电商所需的理论知识和实践技能。部分高校还根据行业需求，开设行业前沿课程，如跨境电商政策、国际市场分析等，为学生提供更全面的培养。

第二，实践教学的地位提升。高校跨境电商人才培养更加注重实践教学。许多高校与行业企业合作,为学生提供实践机会。一些高校与知名跨境电商企业签订合作协议,开展联合培养项目。学生将有机会实习、参与项目,接触真实的商业环境和实践操作,提升实际运用能力。此外,一些高校还组织学生参加跨境电商比赛和实战演练,培养学生在真实场景下解决问题的能力和团队合作精神。

第三,注重培养学生的创新创业意识。从学习阶段开始,高校就鼓励学生进行创新实践和创业项目。有的高校设立创业孵化中心,为学生提供创业指导和资源支持。通过创新教育和创业实践,高校培养学生的创新思维和创业能力,使其能够在跨境电商行业中勇于探索和应对挑战。

第四,重视国际学术交流合作。高校还积极开展国内外学术交流和合作,加强跨境电商领域的研究。一些高校邀请国内外知名专家学者来校讲学和指导研究,开设专题讲座和研讨会,推动学术研究的深入发展。同时,高校鼓励教师与企业合作,开展科研项目和实践项目,提升教师的专业水平和实践经验,为学生提供更优质的教学资源。

三、中国跨境电商人才培养挑战与问题

高校跨境电商人才培养面临的挑战主要体现在以下六方面:

第一,知识更迭迅速滞后。由于跨境电商行业的变化快速,高校培养出的人才在知识结构和技能方面可能与行业实际需求有一定差距。因此,高校需要加强与行业的紧密合作,深入了解行业需求,及时调整课程设置和教学方法,使培养的人才更具实践能力。

第二,课程设置与教材更新速度较慢。跨境电商行业发展迅速,涉及的知识和技能非常广泛。因此,培养学生的核心问题是如何选取适当的课程和更新相关教材,以确保学生掌握最新的理论和实践知识。教育机构需要密切关注行业发展趋势,根据市场需求不断更新课程内容,使学生掌握最新技能和行业专业知识。

第三,师资力量和教学质量有待提高。教师队伍的专业素质和实践经验也是一个问题。跨境电商行业的发展速度非常快,教师需要具备丰富的行业经验和实践经验,才能更好地教授和指导学生。然而,当前教师队伍中缺乏这方面的专业人才,尤其是面对新兴技术和跨境贸易政策的不断更新。因此,高校需要加强教

师队伍建设，培养具有跨境电商实践经验的教师，通过培训和交流活动提高其专业素养。

第四，实践教学和产教合作方面的制约。跨境电商行业的特点决定了教育必须与实践相结合。然而，目前学校的实践教学环节和产教合作机会相对有限。学生缺乏实际操作和实际工作经验，难以适应行业的快速变化和复杂的国际贸易环境。因此，学校需要与企业建立更紧密的合作关系，提供更多实践机会和实习项目，使学生能够在真实的商业环境中锻炼能力。

第五，国际世界与跨文化层面的挑战。跨境电商行业的国际化特点需要高校加强国际化人才培养。高校可以与国外高校建立合作关系，开展联合培养项目，鼓励学生进行国际交流和实习。通过与国际合作伙伴的互动，学生可以更好地了解国际市场和国际商务实践，提升国际化视野和跨文化沟通能力。

第六，跨学科人才培养方面的不足。跨境电商行业的复杂性要求人才具备跨学科的知识和技能。除了商务管理和国际贸易等专业知识外，跨境电商还涉及市场营销、数据分析、物流管理等多个领域。目前，很多高校在这方面还存在不足之处，高校应积极拓展教学领域，培养具备综合能力和创新思维的跨境电商人才。

第七章 跨境电商教学模式的构建

一、互联网环境下跨境电商面临的新形势

"互联网+"可以简单理解为"互联网+各个传统行业",但这并不是简单的两者相加,而是利用信息通信技术以及互联网平台,让互联网与传统行业进行深度融合,创造新的发展生态。在"互联网+"时代,跨境电商教学可以将信息技术与教育进行深度的融合,电子书、微视频、随机题库等学习方式的出现使跨境电商教学模式出现了巨大转变,而大规模在线课程与小规模在线课程的出现则为教学模式的构建提供了多种思路。

跨境电商专业作为改革发展的主要阵地,在教学中发挥着知识传播、思维渗透、能力培养等多方面的责任,对于学生的发展和成长起到了重要作用。在教学实践中,普遍存在学科结构不完善、教学方法不得当、教学反馈不及时等问题,学生能力的有效提升再一次成为教育关注的焦点。为此,本书结合跨境电商专业教学现状以及互联网教学模式转变的新局面,就如何培养学生学习能力的有效方法展开论述。

(一)学生思想呈现出多元化态势

随着"互联网+"时代的来临,以及生活水平的全面提升,现代学生呈现出明显的多元化态势。在传统的教学模式下,教师多采取单一化的教学模式,学生也一般处于被动接受的地位。但是,随着现代学生思想的发展,对于教育的认知越来越深,同时也存在着多样化的需求。随着互联网的发展,现代学生接触网络的机会越来越多,对于社会问题和教学问题,也有着自己的独特见解,在这样的情况下,对于教师能力的要求也越来越高。这是现代跨境电商教学面临的一个新形势和新特点。

（二）对学生综合能力要求日益提升

在跨境电商教学改革全面发展的当今社会，跨境电商已经成为决胜教育成果的关键，对于跨境电商素养、跨境电商能力、跨境电商运用等方面的观点更是层出不穷，可见跨境电商教育的价值在教育中越发不可估量。因此，如何让跨境电商教学焕发新的生机，获得更为广阔的发展前景，已经成为促成学生成才的保障。对于跨境电商专业教学而言，培养学生的能力是一种趋势，更是实现"轻松学跨境电商、实际用跨境电商"的途径。因此，在教学中教师要重视学生能力的培养，将自主学习能力培养从理论上升为实践，使跨境电商教学呈现不断攀升的态势。

二、跨境电商实战型课程开发与教学创新

在全世界电子商务快速发展的背景下，促使国际贸易领域对跨境电子商务人才的需求量加大，电子商务教学应当做出相应的改革和创新。为了在一定程度上提升教学质量，下面将围绕跨境电商实战型课程开发及跨境电商实战型课程教学创新方面进行阐述。

跨境电商人才的缺少阻碍了电商行业的发展，在满足市场对跨境电子商务人才的需求，对跨境实战性的电商课程开发及教学模式上的创新，将会有助于提高跨境电子商务专业人才的质量，也促进教学模式更加完善。

（一）跨境电商实战型课程开发

在全世界电子商务趋于国际化的背景下，要求外贸企业要进行转型，否则将会被时代淘汰。院校有关跨境电子商务的课程也要跟上时代发展的步伐，做出对应的调整和改进，本部分依据这些对跨境电商实战型课程开发进行了分析。

1. 跨境电商实战型课程

跨境电子商务基础实战型课程是电子商务专业的核心，也是属于必修课的范围之内的，学好跨境电子商务实战型课程对于学好电子商务是很有意义的。本课程的教学目标就是为了培养学生很好地掌握跨境电子商务基本概念、基本概论等知识点，对有关跨境电子商务平台操作有一定的熟练度，了解跨境电子商务的基本运营体系，对跨境电子商务运营有一定的管理能力等。

跨境电商实战型课程分为前置课程和后置课程两大部分，前置课程通常包括

第七章　跨境电商教学模式的构建

电子商务英语、当代物流实务、图片图形处理及网页设计及制作、电子商务基础理论与运营等内容。后置课程一般就是具有实践性的培训项目，比如说电子商务专业实训及创业实训等与实践教学有关的内容。

2. 跨境电商实战型课程的教学目标

依据教学的要求，帮助学生了解到基本的电子商务基础知识和基本的业务操作能力，培养学生认真谨慎的工作作风，善于沟通、团结友爱的优秀职业素养，为学生将来从事电子商务行业打下坚实的基础。

3. 教学课程的设定

（1）跨境电商基础。熟悉职业素质的相关要求和有关的工作任务，区别跨境电商与传统外贸商的区别和联系，了解电商的基础含义和有关方面的特点，学习跨境电商有关的知识，熟悉国际和国内有关电子商务方面的政策及发展的现状。

（2）店铺操作技巧。熟悉掌握店铺的注册流程及操作流程，跨境电商平台的注册及认证依据学生的实际情况，完成 WISH 平台的操作认证，能顺利注册店铺账号等。

（3）海外仓及跨境物流的操作。能设计一定程度的物流方案，根据复杂多样的情形选出跨境物流的方式，对跨境物流的费用有一定的结算能力，对跨境物流专线、国际上的物流快递、邮政包裹等有关的知识有一定的掌握，能核算国际上物流的费用差异，对国际物流方式有一个很好的选择能力。

（4）对国外市场的调研能力。掌握并能够运用常见的海外调研方法，能够深入了解海外跨境电商市场环境，为企业及时提供市场调研报告。对海外消费者的消费习惯和特定节日的消费趋势有深入了解，并熟练掌握一般的国外调研方法。结合实际情况和现有条件，组织学生对国内外市场进行调研，以了解消费者的消费习惯，最终形成详细的调研报告。

（5）对产品的选择、定价、上架等操作能力的培养。能独自完成对电商产品数据的信息与整合的能力、对产品的市场定位有大概的方向、对产品在市场上运营和调动有一定的处理能力，能通过对数据的整理寻觅到市场机会，能在有关的平台发布信息的能力，对调研有关平台上的产品类型特点进行描述的能力培养，对产品有结算产品成本的能力，明白利润价格产品审核等有关的内容。

（6）对跨境店铺的优化及推广的能力。能在电商平台对产品的信息图片进行优化和处理的能力，对产品的运营方案有一定的拟定能力，根据产品在市场上的盈利情况做出对应的策略，能在平台对产品的信息进行优化和推广的能力。

（7）关于订单处理、发货、出境报关的操作能力。能有效及时地处理好国际上的订单，选择相应的国际物流类型进行发货，能处理好出境报关方面有关的工作环节，能配合好处理客户的盘问工作与对接，能快速而规范地完成对物流单据及有关凭证的填写。

（8）售后服务及对客户维护有关的操作。在交易过程中，能及时地与客户完成借款的工作，能处理好退换货、物品破损等有关人为因素的问题，做好售后对客户的维护工作，提高工作的服务效率及客户满意度，了解有关售后的评价规则，遇到问题能有效处理的能力。

（二）跨境电商实战型课程教学创新

1. 完善教学内容

对于跨境电商实战型课程教学过程中，应当适当加入国际贸易物流等方面有关的知识，即添加一下关于怎么在平台更好运营的网络营销知识，根据对专业知识要求范围的需要在教学的时候要有对应的侧重点。教师除了做好教学理论知识外还需要自身与实践的结合，邀请电子商务方面有关的专家或者成功人士进行宣讲。

2. 教学方法的创新

围绕以学生为主体、专业技术能力为原则，有效结合教学目标和进程，采用三位一体化的教学模式，理论教学与实践教学相结合的方式进行知识传授，培养学生发现问题、解决问题的能力，激发起学生的学习兴趣和激情。

3. 健全课程考核方式

采取期中与期末考核的方式，平时成绩占最终成绩的20%，期末成绩占据最终成绩的80%。平时考核包括平时作业的完成情况、课堂上的表现情况、上课的签到情况等方面。

总之，老师在教学的过程中，应当有效地结合理论教学和实践教学两种教学模式，提升学生对跨境电商专业知识的掌握程度及跨境电商的实践操作水平，营造学生敢于在跨境电商行业上求知探索的精神，激发起学生对跨境电商学习的兴趣。

三、"互联网+"时代对跨境电商教学模式构建的影响

近些年来，全球范围内传统贸易增长速度在持续减缓，而跨境电商业务却得到了较大的发展，从而成为一种备受关注的新型对外贸易形式。作为跨境电商行业的新兴国家，我国跨境电商行业的交易成绩非常突出，而且还催生出非常大的高层次人才需求。依据一项研究，当前有高达90%的电子商务外贸企业迫切需要高素质的跨境电商人才，尤其是非常需要大批具备良好的英语表达能力，精通国际贸易业务知识，具有专业的网络销售能力的实战类跨境电子商务经营管理人才，这就对高等院校电子商务类专业人才的培育提出了更大的挑战。实战教学是电子商务类人才培养的一大难点，这就需要在"互联网+"背景下持续推进跨境电商实战教学模式改革，从而更好地推进我国跨境电子商务行业的发展。

（一）跨境电商实战教学模式构建

在教育部印发的《教育信息化"十三五"规划》文件中，"发展目标"部分指出："基本实现教育信息化对学生全面发展的促进作用、对深化教育领域综合改革的支撑作用和对教育创新发展、均衡发展、优质发展的提升作用。"倡导我国院校要合理利用现代信息技术的优势，来促进教育事业的蓬勃发展，进一步达到信息技术和教育事业的深度融合发展。

由此可见，利用现代信息技术来提升课堂教学效果，不仅是我国教育教学信息化的主要目标，同时也是职业院校商科专业教学改革的创新之举。众所周知，由于商业技能相对较"软"的问题，所以迄今为止都很难找到"落地"的技能人才培养模式。而互联网时代的来临让我们看到了希望，这是因为实践证明将互联网跨境电商实战引进课堂教学中，能够进一步提高学生的专业技能和职业素养。

1. "互联网实战+小规模限制性在线课程（SPOC）"教学模式构建原则

在现代信息技术的辅助下，教师可以为学生创建一个新型的学习生态系统，即基于构建主义理论的要求，形成了"互联网实战+小规模限制性在线课程

（SPOC）"的商科专业教学模式。首先，一个科学高效的 SPOC 教学课堂，要做到以学生为中心，并同时形成线上线下相融合的模式，注重教师讲课与学生自主探究相结合，对学生开展个性化教学指导，从而令师生之间的情感交流、学习交流更为密切。结合我国翻转课堂教学实践研究成果，教师在构建互联网跨境电商实战教学模式时，必须遵循开放性、个性化以及交互性这三个基本原则。开放性基本原则是指学生可以利用移动手机、计算机、电子书阅读设备等网络设备，来随时随地获取与学习相关的网络资源，如此一来，他们便可不受时间、空间的限制，利用"碎片化"时间来展开专业学习。个性化基本原则是指要求教师要利用各种社交软件及 SPOC 在线平台，及时获取学生在学习方面的各种需求和问题，从而在线上线下给予他们有针对性的教学指导。交互性基本原则是指构建的互联网实战+SPOC 的教学模式，必须尽可能满足生生之间、师生之间的沟通与交流，如此才能方便学生发掘隐性知识。

2. "互联网实战 + 小规模限制性在线课程（SPOC）"教学模式总体框架

1980 年，大卫·库伯提出了体验式学习理论，他提倡要引导学生通过实践与反思，来逐渐认识周边生活事物。对此，在大卫·库伯的体验式学习理论以及皮亚杰的建构主义理论的基础上，教师可以借鉴清华大学所开展的 SPOC 教学模式，并结合院校商科专业教学情况，重新整合线上与线下的教学资源，发挥出互联网跨境电商实战与在线学习平台的优势，构建出"互联网实战 + 小规模限制性在线课程（SPOC）"的教学模式。其中，设计的两个平台为互联网跨境电商实战教学平台（可用速卖通软件）、SPOC 在线课堂平台；三个环节为课前尝试、课中讨论、课后实战；四个交互为学生和学生的交互联系、学生与教师的交互联系、学生与互联网跨境电商实战教学平台的交互联系、学生与 SPOC 在线课堂平台的交互联系。这一新型的教学模式，完全符合认知发展规律，是现代信息技术与教育产业深度融合的结晶，它进一步创新了教师传授学生商业技能的传统模式。就如三个环节中的课前尝试，有利于学生对将要学习的知识点进行初步认知，而课中讨论、教师点评等环节，可以令学生充分掌握理论、加深对知识的理解。最后的课后实战环节，便是锻炼学生理论联系实际的实践技能，进一步完成了对知识点的升华应用。

3. "互联网实战+小规模限制性在线课程（SPOC）"教学模式具体分析

在构建的"互联网实战+小规模限制性在线课程（SPOC）"的教学模式基础上，笔者着重对教学目标、内容、组织与评价这四个方面进行了改革与优化。首先是教学目标，要求教师注重职业院校商科专业课程的人才技能培养"落地"的任务，即将培养学生的实践应用能力与动手操作能力作为课堂教学目标，并在课后实战环节中，组织学生参与实践活动中，从而有效培养他们的独立解决问题能力、自主学习能力以及团队协作能力等专业技能。其次是教学内容，要求教师务必突出内容的实用性与就业性特质，即应当要根据企业岗位需求来设计技能任务教学模块、依据业务流程来梳理相关商业知识点等。教师应将梳理好的知识点制作成PPT课件抑或微课视频放置在SPOC平台上，以供学生学习与借鉴。再次是教学组织，教师可以采用翻转课堂教学方式，即提前布置学习任务，引导学生通过网络平台进行预习，并尝试完成任务。然后进一步发挥出线上平台课堂和线下教学课堂的信息化优势，在课堂上通过头脑风暴、角色扮演以及小组讨论等教学方式，来促使学生加深对知识点的理解，线下便开展实战活动，以此锻炼学生的专业技能。最后是教学评价，教师可以把过程性与综合性评价相结合的教学评价方式，设置30%日常学习任务完成度+30%实战任务表现情况+40%期末考核情况的方式，如此便可令学生重视自身专业技能的提升。

综上所述，基于构建主义理论与体验式学习理论，所构建出的"互联网实战+小规模限制性在线课程（SPOC）"教学模式，是我国职业院校商科专业教学改革的创新之举，它可以进一步提升跨境电子商务专业学生的专业技能与职业素养。所以，教师在应用过程中，要注重遵循开放性、个性化以及交互性这三个基本原则，同时做好教学评价、组织、内容以及目标这四个环节的改革与优化工作，如此才能有效解决职业院校商业人才技能培养"落地"难的教学问题。

（二）"互联网+"时代对跨境电商教学模式构建的影响

1. 有利于实现跨境电商教学模式的全覆盖

在"互联网+"时代，丰富的教学方式可以为跨境电商教学提供广阔的施展空间，特别是电子书、微视频、随机题库等学习方式的出现，较大地促进了跨境电商教学模式的构建。而大规模在线课程（MOOC）也有效地提升了电商教学模式的影响力，相较于传统的电商教学，"互联网+"时代更加容易实现教学模式的全覆盖，可以让每个学生都有机会通过MOOC学习名校或名师的课程，丰富学生的知识体系。

2. 有利于信息技术与教育的融合

在"互联网+"时代构建跨境电商教学模式有利于推进信息技术与教育的融合。信息技术与教育是相辅相成、互惠互利的关系。一方面，"互联网+"时代为教育行业，尤其是跨境电商领域提供了极为广泛的信息技术支持，相较于以往，更加丰富的网络资源以及信息量不断涌现，为教育行业的发展提供了必要的资源储备与途径支持。另一方面，"互联网+"时代对跨境电商教学模式产生的影响最终也会反哺于时代发展，通过充分利用"互联网+"时代信息技术的优势，可以为跨境电商行业培养所需人才，而人才最终会利用自身的聪明才智来促进时代的发展。

3. 有利于提升学生的操作能力与职业素养

当前，大多数高校以培养应用型人才为主，在跨境电商的教学中，主要培养学生的动手能力和实际操作能力。在"互联网+"时代，通过国际市场调研、网络媒体营销等方面的教学可以有效提升学生的操作能力与职业素养。

四、"互联网+"背景下构建跨境电商教学模式的措施

（一）丰富"互联网+"时代教学方式，完善跨境电商教学课程体系

高校是人才培养的一个重要基地，尤其是在"互联网+"时代，通过应用不同的教学方式来丰富跨境电商教学体系，同时利用MOOC等资源平台为学生提供先进的电商运营理念，尤其是国际市场调研、网络媒体营销等方面的课程学习，需要与时俱进。相关高校的培养课程的培养方案，就是让学生适应社会发展的需要，从而进行成长。而实践的基础需要有理论知识作为支撑，两者相辅相成，必须两者结合，才能完成人才的培养。因此，丰富"互联网+"时代教学方式，完善跨境电商教学课程体系，有利于培养更优秀的人才。

由于跨境电商的发展速度很快，现有的学校课程和相关的教学资源很难跟上实际变化的步伐，因此，可以利用MOOC以及SPOC等网络平台对跨境电商行业

的现状进行及时了解。与此同时，由于跨境电商的特殊性，要求学生必须具备熟练的实际操作能力，同时还要具备市场调研、营销、英文等多种业务水平。

所以，第一，可以利用网络在线平台、微视频以及电子书等教学方式，引导学生根据自身的兴趣爱好，充分利用"互联网+"时代的信息技术优势，更好地完善自身的知识体系。第二，政府部门需要发挥作用，制定约束性的文件，制订人才培养方案，提供政策保证。尤其是对"互联网+"时代的教育行业，可以在政策允许的范围内有针对性地支持，一方面，利用信息技术优势对跨境电商教学课程体系进行丰富与优化，增加国际市场调研、网络媒体营销等方面的课程，同时依据电商行业的发展合理地调整教学内容。另一方面，可以发挥电商总协会的纽带作用。电商总协会需要基于对市场的了解，按照市场的实际需求来培养人才，成为连接政府、学校、学生三者之间的平台，提高人才培养工作的质量与效果，为该行业的发展提供一定的保护。

（二）基于"互联网+"时代提高教师的职业素养

在学生的培养过程中，教师是知识的引路人。而"互联网+"时代对教师的职业素养提出了新的要求，教师需要对跨境电商行业的现状以及发展趋势进行准确的分析与把握，同时针对现有的电商教学课程体系提出合理的意见与建议。电子书、MOOC、SPOC以及微视频等技术或平台的发展对教师的教学起到了两方面的作用。一方面，教师可以充分利用"互联网+"时代的平台或技术服务于跨境电商教学，发挥信息技术的优势。另一方面，教师需要紧跟时代发展的潮流，在优化和丰富教学方式的同时增加自身的知识储备，尤其是"互联网+"时代各项技术或平台的使用、信息技术与跨境电商教学模式的融合等方面，需要教师提高自身的职业素养。

例如，教师可以利用互联网进行学习，并进行一些模拟软件的实习操作，来提高实践能力。特别是一些教师对"跨境电商"的分析，还处于简单的理论方面，对相关的电商贸易规则了解不深。那么，教师可以利用MOOC或SPOC等网络资源平台来寻找相关信息，加强自身的素质。同时，通过在平台上学习名校或名师的理念可以对跨境电商教学有更深层次的认识，还可以在平台上学习市场调研、装修店铺、开展店铺促销活动、优化商品信息、物流模板的设置等实务问题，并且可以深入了解。另外，教师可以利用真实的案例进行分析，尤其是跨境电商行业发展较为典型的案例，可以加深学生对跨境电商市场行情的感受和理解。

（三）开展校企合作，提高学生"互联网+"时代的实践能力

校企合作的方式需要在"互联网+"时代进行更新与优化，相较于传统的校企合作，跨境电商教学模式中的校企合作应当具备高效的操作性、良好的可控性以及真实的实践性等特点。尤其是"互联网+"时代对跨境电商行业的发展起到了巨大的推动作用，在此背景下，只有提高学生的实践能力才可以满足未来跨境电商发展的需求。

1. 实施引企入校实战教学策略

高等院校应当有目的地引入多种类型的校企合作企业，其中就应当包括跨境电商行业企业。高校在和这类企业进行合作时，主要是由学校为合作企业提供相应的人力资源、场地以及设备，而企业则负责辅助高校开展跨境电商实战类教学。首先，是由跨境电商企业辅助高校专业课教师开发相关教学资源，从而切实解决实战教学落后于行业发展实际的困境。其次，是企业应当安排高校专业教师参与自身的经营管理之中，从而让这些偏重于理论教学的教师能够在跨境电商实战之中增加经验与提升技能，并且体现在专业人才培养之中。最后，要为高校学生提供与跨境电子商务有关的实习岗位，而下派到企业中锻炼的高校教师也应当承担一些实战项目指导任务。

2. 实施"校中企"型实战教学策略

高等院校可创建具备教育教学性质的实体企业，并以企业的名义注册相关电子商务平台的店铺，申请特色鲜明的商标，并且面向社会加以公开，聘用具备跨境电商实际运营经验的实务者为实战指导教师，并且担任网店店长，招聘在校生为本店学徒。该实战教学模式以相关真实平台与经营项目为主要载体，将教师与学生直接推到国际贸易市场之中，通过国际版旺旺、Skype等工具软件来分配运营、销售以及客服等不同的岗位以及工作的内容，对于教学的内容实施项目化的改造，能够进一步提高大学生的业务实操能力。

3. 实施创业孵化型实战教学策略

大学生们可运用理论课学习与企业实训，认真学习跨境电子商务平台运行的

流程以及操作步骤，并且具有创新创业能力。当然，大学生们还可自行组团，申请进入本校举办的大学生创业园中作为经济实体进行运营。每一团队均应自行挑选经营的方向，明确销售的对策，组织开展采购以及运营管理等内容，并且直接担负起自负盈亏的职责。值得注意的是，高等院校的实战教师与企业的资深导师均应承担起创业导师的角色，为大学生们提供其所需的业务指导与咨询。

例如，学校为了提高学生的实际操作能力，也为了提高教学质量，可以采取校企联合的方式，联合制订人才培养方案。尤其是在"互联网+"时代，校企合作的方式需要得到更新与优化。第一，由高校派遣学生到电商企业参观，提前感受跨境电商的工作模式，了解电商行业的运营及发展现状，同时熟悉"互联网+"时代的信息技术优势。第二，学生在电商企业实习期间，管理人员可以通过学生实习期间的表现甄选合适的人才进行聘用，尤其是对电商行业或者"互联网+"时代兴趣浓厚的学生，可以考虑聘用。第三，电商企业与学校进行交流合作，一方面将先进的企业运营理念以及电商行业需求融入电商的教学过程中，使学生能够及早地接受先进的电商运营理念与发展趋势；另一方面企业可以借助互联网模拟实际的商业交流与合作，进而给学生提供更多的实践知识。这样就很好地解决了学生成为企业廉价劳动力和经验不足等问题，提高人才培养效率，同时又给学校和企业带来效益。

4. 在学校与企业之间建立长期的人才培养计划目标

可以缓解人才需求与人才市场供应不足的问题。在"互联网+"时代，有关电商行业人才培养的方式更加多元化，特别是不断涌现的电商运营理念使人才培养具备更多的途径。而为了学校、企业以及社会的健康发展，共同探索成熟的人才培养机制并符合"互联网+"时代的要求。高校可以联系一些规模较大的电商平台，学习电商平台的运营理念以及市场营销及调研方面的规则，借助他们的人才培养模式来帮助学校进行人才培养，为该行业培养人才做好预备工作，创新培养方式，建立良好的学习环境，从而实现学生、学校、企业之间的三重对接。通过提高学生"互联网+"时代的实践能力，可以有效地发挥信息技术的优势，并促进其与教育行业的充分融合，为跨境电商教学模式的发展尽绵薄之力。

综上所述，"互联网+"时代可以实现跨境电商教学模式的全覆盖，有利于信息技术与教育的融合，有利于提升学生的操作能力与职业素养。在"互联网+"背景下构建跨境电商教学模式需要丰富"互联网+"时代教学方式，完善跨境电商教学课程体系，提高教师的职业素养，积极与跨境电商教学开展校企合作，提高学生"互联网+"时代的实践能力。通过构建跨境电商教学模式，必将促进"互联网+"时代与电商行业的快速发展。

第八章 跨境电子商务课程教学改革研究

一、跨境电子商务融合课程思政的教学改革

改革开放以来，中国的经济得到了飞速发展，在新时代，国家对人才的需求也由大规模的劳动力需求逐步演变为具备创新能力的人才需求。国务院出台的"2025中国制造"以及"大众创业，万众创新"也为中国创新型人才的培养提供了良好的发展环境。跨境电子商务的人才培养，着眼于双创能力的培养、国际贸易知识的衔接，只有同时具备这两种能力的人才，才符合新时代对跨境电子商务人才的要求。

长期以来，高校教育的思想价值引领主要是由思政课来承担的，专业课程侧重于专业知识传授和专业能力培养，"德""能"教育分离的现象还比较普遍。各个高校在加强文化知识、专业能力教育的同时，也要把立德树人作为根本任务。"课程思政"对此进行了有效的推动，通过构建全员育人、全方位育人、全过程育人的"大思政"格局，实现立德树人的根本任务。

课程思政是充分发挥课程的德育功能，运用德育的学科思维，提炼专业课程中蕴含的文化基因和价值观范式，将其转化为具体化、生动化社会主义核心价值观的有效教学载体，在"润物细无声"的知识传授中融入理想信念层面的精神指引，使专业课程更具有"温度"和"厚度"。本书以跨境电商课程为例探究电子商务专业课与思政元素的有效融合，在课程实施教学过程中实现全面育人的主要目标。

课程思政融入高等教育课程体系，对高校思政教育具有重要意义，但现阶段专业教育的开放性和教学方式显性化，课程思政难以与专业课堂有效融合，使得缺乏融合课程思政的教学改革实践。本书以"跨境电子商务"课程为载体，提出课程思政融入专业课堂的教学改革举措，并以跨境物流的中欧班列为切入点，通

过强化认识"一带一路"国家倡议和以"郑新欧"为载体的区域发展诉求，增强民族自豪感，坚定制度自信，实现专业教学、思政教育和价值引领的深度融合，为新商科背景下的课程思政教学改革提供借鉴。

习近平总书记在全国高校思想政治工作会议上的讲话指出："要用好课堂教学这个主渠道，思想政治理论课要坚持在改进中加强，提升思想政治教育亲和力和针对性，满足学生成长发展需求和期待，其他各门课都要守好一段渠、种好责任田，使各类课程与思想政治理论课同向同行，形成协同效应。"

2019年，中共中央办公厅、国务院办公厅印发《关于深化新时代学校思想政治理论课改革创新的若干意见》提出要"建成一批课程思政示范高校，推出一批课程思政示范课程，选树一批课程思政教学名师和团队，建设一批高校课程思政教学研究示范中心"。因此，如何实施课程思政，成为高等教育界关注的焦点。专业课程作为"课程思政"建设的有效载体，是改革实践的基础，各高校通过"课程思政"教学革新，为各专业的教学改革提供改革示范。

在"互联网+"和万物互联的全球化背景下，跨境电子商务已成为我国经济贸易增长的重要支柱之一，新商科背景下，信息技术和大数据挖掘技术，驱动了电商专业迅猛发展。跨境电子商务作为物流管理、电子商务等经管类专业的核心专业课程，是电子商务和国际贸易发展的新业态。该门课程的学习过程离不开国际电子商务平台和运营管理的管理实践教学，为此，需汲取国内外先进管理模式和运营理念。因此，如何在开放式的跨境电商课程教学过程中，通过融合课程思政，引导高校学生的价值观和民族荣誉感，对高校跨境电商课程的教学改革提出了很大挑战。

（一）课程思政的主要内涵

1. 课程思政的概念

课程思政指以构建全员、全程、全课程育人格局的形式将各类课程与思想政治理论课同向同行，形成协同效应，把"立德树人"作为教育的根本任务的一种综合教育理念。科学的课程思政是能够将思想政治教育有效融入专业课程的教学过程，在赋予思想政治教育新活力的同时，丰富专业教学的内涵，实现协同育人的价值，拓展教学功能。

2. 课程思政的内涵

课程思政改革必须强调课程、思政、专业、教师和学生的五大主体的重要作用。专业课程作为思政建设的载体，是课程思政改革的基础，建设丰富思政内涵的专业课程，是思政建设的重要手段。"思政"作为课程思政改革的重点，必须在尊重课程自身建设前提下，突出在高等教育中的引领作用。课程思政的中心在于专业建设，由于专业差异性导致课程设置的不同，必须结合各专业课程特征，差异化融合思政教学。教师作为课程思政的主体，是思政课堂建设的关键，必须培养教师的思政教学意识，实现课程与思政的深度融合。学生作为课程思政的成效体现，必须将学生的课程体验作为检验标准，不断优化课程思政建设。对课程思政内涵的理解须从教学主体与客体、教学内容和教学方法三方面，理解教师与学生、思政元素与专业课程、主观教学与客观知识的相互关系。

3. 课程思政的必要性

2020年6月，教育部印发的《高等学校课程思政建设指导纲要》中明确指出要"全面推进高校课程思政建设，发挥好每门课程的育人作用"，学校、教师、课程均应"承担好育人责任，守好一段渠、种好责任田"，在此背景下，"课程思政"视角下跨境电商课堂教学改革具有重要意义。

（1）专业人才培养目标决定必须进行课程思政改革。高职院校跨境电商专业主要培养的是从事跨境电商业务等国际商务活动的高素质应用型技能人才，学生毕业后直接面对的服务对象是境外客商，这要求从业人员必须具备坚实的政治方向，要有较高的思想素质和强烈的社会责任感。只有通过课程思政教育，才能使学生树立正确的价值观，将职业道德和职业素养等内容渗透进专业课程中，最终实现培养"德技兼修"的社会主义跨境电商人才的目标。

（2）课程内容决定了在课程中进行思政教育的必要性。跨境电商实务课程蕴含的课程思政元素丰富，如跨境电商平台概述环节，通过介绍中美贸易摩擦促外贸转型、让学生分析IPC调研结论等活动，增强学生的爱国主义和大国自信；跨境电商选品模块，学生在了解选品原则的同时，理解中国智造、品牌出海概念，深植民族自信；跨境电商产品发布和优化环节，学生能进行店铺装修，并能根据数据分析做好产品优化，因此提升审美能力，培养精益求精的工作品格；在跨境产品推广模块，通过分析新型冠状病毒疫情对跨境电商营销影响案例，提升学生的新发展理念等。在课程教学设计及教学过程中如何有效融入政治思想、道德品质、中华优秀传统文化传承、人文精神等思政教育内容值得探究。

（3）专业教师素质决定了进行思政教育的可行性。专业教师的教学理念是影响专业课程思政实施成效的最关键要素。高职跨境电商专业课的任课教师多具有较高的思想政治素质、精深的专业功底和较强的实践能力，能够在教学过程中通过各种教育手段和教学方法胜任教学任务。但是由于长期养成的惯性思维，导致部分教师在专业课程教学与思政教育中仍存在"两张皮"现象，这就要求专业教师进一步增强自身对专业知识传授与价值引领之间内在关系的认识，真正把实现责任与担当、社会主义核心价值观的基本要求、做人做事的基本道理巧妙融入专业课程教学中，从各个层面为社会培养"德技兼修"的高素质技术技能型跨境电商人才。

4. 跨境电商专业教学与课程思政元素融合的必要性

近年来，跨境电商行业成为外贸增长新亮点，培养高素质技术技能型跨境电商人才成为国家需求。本书从跨境电商实务课程思政的必要性着手，从课程的整体设计、课程教学改革具体实施及教学反思三个方面对跨境电商课程思政教学改革进行了探索，以期实现跨境电商专业课知识传授与价值观教育同频共振，提升课程育人功能。

跨境电商课程是电子商务专业下设的一门专业核心课程，是跨境电商领域入门课程，也是培养学生"专业伦理""学习伦理"和"核心价值观"的重要环节。在此课程中进行课程思政融合，通过跨境电商基本理论知识和基本业务操作的讲授，使学生了解从事跨境电商岗位应具备的职业操守，培养学生民族自豪感、诚实守信的品质，引导学生树立大国自信，增强社会责任感。

（1）培养学生在跨国业务交流中的自信。高校向来担负着国家人才培养的重任，当前跨境电商人才的培养，不仅要求学生的专业技能过关，还需要其具备良好的思想观念、职业道德和世界各地区文化知识储备，使其在处理跨境电商业务时，能够树立起与他国交流的能力自信和文化自信，促进企业实现更好地开展业务交流与合作。

（2）顺应新课程标准下思政教育的要求。课程思政是新时期立德树人教学理念的综合体现，是新课程标准下高校思政教育开展的新要求，能够实现各学科教学全方位育人塑人，为我国高等教育事业的发展开创了新的局面，是未来我国高等教育发展的新趋势。

（3）提升跨境电商人才的风险意识。跨境电子商务业务的开展，主要依托信息技术、互联网技术等，实现国际贸易间的信息化、虚拟化。这一国际经济交流的新变化，使得我国贸易壁垒、网络诈骗、外来文化渗透等经营风险不断加重，只有在跨界电子商务专业课程中融入思政内容，才能够培育出政治素养强大、立场坚定、专业技术过硬的高素质人才，以此来抵御外界威胁。

（二）课程思政融入跨境电子商务的教学改革实践

跨境电子商务课程教学以跨境电子商务平台为载体，在全球化生产网络背景下，理解并掌握跨境电子商务的运营模式、业务流程与活动管理。在该课程的思政建设过程中，重点从课程思政改革的"四个正确认识"维度出发，通过以下五方面，将课程思政融入课堂教学中。

第一，分别通过对国内外跨境电子商务行业的发展趋势进行分析，正确认识世界和中国发展大势，了解国内外跨境电子商务发展的关键技术及发展态势。

第二，通过对国内外跨境电子商务平台进行对比分析，正确认识中国特色和国际比较，强化我国电子商务发展的行业自信，并帮助学生识别未来发展挑战。

第三，通过引入"一带一路"倡议在跨境电子商务中的战略地位和运营现状分析，增强民族自豪感，帮助学生正确认识历史使命和时代责任，并结合区域发展需求，深入分析其发展路径。

第四，通过对"郑新欧、渝新欧、蓉欧、汉新欧、西新欧"等中欧班列的横向对比，明确中原区域发展的优势与挑战，帮助学生正确认识"中原崛起"的远大抱负。

第五，鼓励学生通过对所学的战略管理、物流管理、运筹优化等理论知识运用，提升跨境管理效率，推动国内跨境电子商务行业发展，脚踏实地为区域发展和国家战略实现添砖加瓦。

通过国家战略与区域发展双驱动的"跨境物流"课堂改革，启发学生家国情怀，并诱导其利用专业知识技能，促进跨境电子商务行业发展，帮助学生培养并坚定道路自信、理论自信、制度自信和文化自信，同时有利于培养学生个人自信和民族荣誉感。

（三）跨境电商专业教学与课程思政元素融合路径

1. 搭建跨境电商专业价值导向交流平台

跨境电商专业教学具有较高的实用性和实践性，在教学过程中，学生能够不断吸收知识并将其转化为专业能力，同时也是学生职业价值观建立的重要节点。因此，学校应积极开展课程思政融合，坚持以价值导向为跨境电商专业教学的宗旨，并搭建起一个以学生为主体的职业价值导向交流平台，分析跨境电商专业教学与课程思政元素融合的效果。

可采取定期组织学生在平台上完成职业价值调查问卷的方式，充分了解学生在不同时期课程思政教学背景下的职业素养、职业道德变化情况，并广泛汲取相关专业学生对该专业课程融入思政元素的看法和建议；每一学年初在该平台上开放职业心理自测通道，为学生提供自测题目，帮助学生实现对自我职业素养的认知，促进其在未来的学习中更加注重思政方面的提升。

2. "潜移默化"开展思政教育

高校教研团队在进行跨界电子商务专业课程布局时，应以专业课程内容为基础，构建起"课程+思政"教学结构，即利用思政内容丰富专业课程教学，从而潜移默化地帮助学生树立起正确的思想价值观念。比如在跨国电子商务专业知识中关于"国际运输模式和特征"的教学中，老师为帮助学生更好地理解各国间不同的贸易特征，可结合跨文化礼节教育、国际法制教育等思政内容，为学生做对比教学，从而丰富学生的专业知识积累，促使学生在学习过程中，获得自我价值实现的能力和综合问题处理的能力。

3. 应用翻转课堂培养学生自主学习的意识

我国跨境电商在全球范围名列前茅，服务全球70亿消费者，市场前景十分广阔，国际形势也十分复杂。面对这一教学背景，老师可每周实行一次翻转课堂，要求相关学生做跨国电商行业动态新闻分享，在分享过程中应让学生以职业人才的身份对新闻动态所反映的国际变化、经济发展趋势、各国间贸易合作特点等加以分析，从而能够使学生在校期间自觉关注行业动态的同时，也可养成自我提升的好习惯。

4. 采用案例分析法提升学生思想道德意识

跨国电商与产品质量、产品产权、国际贸易法规等方面的知识息息相关，若在实际工作中处理不慎将给企业造成严重的经济损失和不良的社会影响。因此，老师可在课堂上采用案例法，为学生提供一个模拟业务操作的场景，比如在"供应链管理"课程的讲解中，即可通过对当前市场中典型失败案例进行解读，同时以实际产品为例分组进行交易模拟，使学生充分了解诚信经营、真诚以待的重要性。在各环节中适当应用案例教学法，可全面提升学生的思想道德与职业道德。

综上所述，课程思政教学理念的应用，对丰富跨境电商专业课程有着极高的推动作用。提倡价值传播在知识教学中的重要性，学校应顺应时代发展的潮流，搭建起跨境电商专业价值导向交流平台，广泛汲取学生的意见和建议，灵活设置课程，潜移默化影响学生思想意识的改变，并采用翻转课堂和案例分析法教学方式，加深学生对思政教学的理解，令其在今后的工作中能够向世界弘扬中国精神。

（四）跨境电商课程思政的实施路径

信息技术的快速发展为我国跨境电商行业带来了发展机遇的同时也带来了严峻挑战。数据表示，2018年我国进口总值约为14.1万亿元，跨境电商交易规模达9.1万亿元。新一代跨境电商人才应树立起爱国主义精神，不断进取提升自身业务能力，才能在市场竞争中规避风险，促进我国跨境业务量不断增长。

1. 跨境电商课程思政教学目标改革

跨境电商课程通过在校内理实一体化实训室进行模拟、实战任务操作，根据项目导入教学模式、任务导向教学方法，使学生掌握多项基本业务操作能力，包括跨境店铺注册、跨境电商选品、产品定价、产品发布、店铺推广与营销、跨境电商物流、售后服务及客户关系管理等具体业务操作能力，培养学生踏实肯干、吃苦耐劳的工作作风以及善于沟通和团队合作的工作品质，为学生走上跨境电商相关工作岗位和跨境电商创业打下坚实的基础。结合我国"一带一路"倡议，塑造学生民族自豪感和新时代勇于进取，实现"中国梦"的决心。具体目标如下：

（1）介绍我国跨境产品出口全球的良好势头，加强爱国主义教育，培养学生民族自豪感;(2)介绍核心技术和品牌发展构建竞争优势,引导学生树立科学发展观;(3)通过跨境店铺运营,要求学生踏实肯干,团队合作,培养学生诚实守信的品质;(4)强调跨境电商平台规则,使学生养成遵守规则的良好习惯;(5)结合"一带一路"倡议,让学生了解中国在世界市场上所处的地位,树立大国自信,培养家国情怀;(6)将创新创业的观念嵌入跨境电商平台运营讲授,鼓励学生尝试创业,培养创新意识;(7)对于跨境电商选品、跨境电商客服模块讲授时,培养学生精益求精的工匠精神。

2. 跨境电商课程思政影射与融入点

跨境电商课程在教学内容的安排上可以一共分为7个教学单元(其中涵盖4个实训项目),教学单元为24课时,实训单元为8课时。课程在整个授课过程中影射与融入了9个思政元素点,具体的融入点见表8-1。

表8-1 跨境电商课程思政影射与融入点统计表

序号	课程单元	教学内容	课程思政融入点
1	跨境电商认知	什么是跨境电商;跨境电商的基本流程;跨境电商的主要模式;跨境电商的发展趋势;跨境电商岗位和职业素养	1.将我国跨境电商发展水平的介绍和发展历程的讨论同国家"一带一路"倡议相结合,引导学生深入思考国家、社会、个人发展的道路。从而培养学生的民族自豪感,树立民族自信
2	第三方跨境电商平台	跨境电商第三方平台概述;主流第三方跨境电商平台介绍;第三方跨境电商平台的选择;跨境电商平台运营模拟实训1;跨境电商平台运营模拟实训2	2.通过对跨境电商相关平台操作规范的介绍,使学生各平台规范,掌握相关平台的选择技巧 3.实践环节采用项目小组团队合作模式,培养学生的集体主义和团队协作精神
3	跨境电商视觉设计	视觉营销;文案策划;产品拍摄与图片处理;店铺装修;跨境电商平台运营模拟实训3;跨境电商平台运营模拟实训4	4.通过对商品详情页文案撰写,培养学生精益求精的工匠精神 5.通过实践环节培养学生认真、严谨、细致、一丝不苟的工作作风,引导学生遵守职业道德,弘扬工匠精神
4	跨境电商营销	跨境电商营销认知;分析跨境电商消费者;店铺自主营销;新媒体营销搜索引擎营销	6.通过对跨境电商市场调研以及营销方式工具的应用介绍,让学生了解如何在具体工作中发挥工匠精神

续表

序号	课程单元	教学内容	课程思政融入点
5	跨境电商支付与结算	跨境支付与结算认知；跨境电商支付与结算方式；国内跨境电商支付与结算平台分析；跨境电商支付与结算金融分析	7.通过对资金结算的风险及其控制的介绍，让学生了解资金结算风险，树立资金安全意识
6	跨境电商物流	跨境电商与国际物流；跨境电商物流渠道优劣比较分析；跨境电商运费计算	8.通过对灰色通关的概念及其危害性介绍，了解灰色通关的弊端，树立合法合理通关意识
7	跨境电商客服	跨境电商客服的工作范畴；跨境电商客服工作的思路与技巧；跨境电商客户关系管理	9.通过对跨境电商客户关系管理的介绍，让学生懂得如何处理不同类型的纠纷，培养学生跨境电商职业操守

3.跨境电商课程思政教学方法改革

教学目标和教学内容的实现离不开有效的教学方法的支撑，跨境电商课程思政主要涉及的教学方法有：

（1）采用案例分析法，结合"一带一路"宣扬中国梦，提升民族自豪感。如，在介绍跨境电商认知时，教师通过对我国历年来跨境电商进出口交易额数据的讲解，让学生正确认识到国家在跨境电商领域的核心地位，并以此为基础开展爱国主义教育，培养学生的民族自豪感，坚定文化自信。

（2）邀请企业高管和学界专家进行跨境电商系列讲座，培养学生爱岗敬业的职业操守和创新创业精神。如，学校邀请跨境电商企业高管和学界专家来校做系列跨境电商主题讲座，包括跨境电商发展历程、跨境电商之知识产权保护、跨境电商基础设施建设、大学生如何跨境电商创业等内容，培养学生爱岗敬业职业操守和诚实守信的良好职业道德，激发学生品牌发展意识以及创新思维和创业精神。

（3）采用任务驱动和项目教学法介绍跨境电商平台运营并开展法律意识教育，塑造学生团队合作能力，同时培养学生遵纪守法。通过在校内实训室开展模拟跨境电商运营模拟实训，采用项目为载体、任务驱动教学方法进行跨境电商店铺注册、定价、刊登和发布等一系列操作，培养学生的团队合作意识，同时对学生开展法律意识教育。

（4）采用网络学习平台开展翻转课堂教学,培养学生自主学习能力。通过《跨境电商》校级精品在线开放课程应用,让学生课前预习、课后复习、课中开展课堂互动等环节,提升学生的课程学习效果。此外,也可以采用多媒体方法,即利用文字、图片、视频等内容,展示课程教学的内容,加深学生对跨境电商的认识。或者以学习型社团形式,要求学生在社团微信公众号上分享跨境电商热点动态,达到了在自主学习新知识的同时,能够与时俱进,不断给自己充电。

(五)跨境电商课程思政的对策建议

课程思政建设是一项复杂的系统工程,既要坚持课程思政的内涵和科学教学手段,又要兼顾各专业的特异性。为推动专业课程的思政建设,提出以下几点建议。

1. 通过融入课程思政,促进思政课程建设与协同育人

尽管课程思政强调全方位的大思政格局,但必须根据不同专业学科特征,通过对重点专业课程的思政教学改革建设,由点到线,由线到面逐步推行。倡导高校教育者的全体人员共同参与、互相合作,通过调动全员积极性,实现全程、全方位的思政课程的协同育人。

2. 完善融合"课程思政"的系统教学大纲设计

专业课程作为思政建设的主要载体,必须通过深入挖掘课程的思政内涵,将课程思政融入专业知识中。每门专业课都蕴含能够启发爱国热情、正义感、文化自信感等价值观的思政教育元素。高校教师在教学过程中,通过不断挖掘思政元素,将其融合到授业、解惑课程教学中,通过不断完善教学大纲,丰富思政课程建设。

3. 建立系统的思政课程建设评价体系

考核评价体系是有效管理教师教育教学活动的指挥棒,科学有效的评价体系能够激发教师对于思政课程的建设与改革,指导任课教师丰富专业课的思政内涵,强化专业课教师对思政课程建设的内在驱动力。因此,可以将专业课的课程思政建设纳入教师的考评机制中,构建教师自评、同行互评、学生参评的综合评价模式。

4. 强化教师主体的课程思政改革责任与意识

教师作为思政课程建设主体,必须树立起课程思政的意识和责任。师德师风是评价教师素质的第一标准,必须坚持教育者先受教育的宗旨。通过加强课程思政改革的自我修养，自觉做到"以德立身、以德育人、以德施教"，不仅要做好学生专业技术的知识领路人，也要肩负学生成长道路过程中价值观、责任感形成的引路人责任。

5. 发挥重点课程思政教学改革的示范作用

通过对专业课的课程思政建设与改革，在"大思政"格局教育理念下，发挥重点思政课程的示范作用。通过拓展教育资源和课程载体，结合专业特征，实现以专业为单位的"单课程思政建设"至"全课程思政建设"，在课程思政的改革基础上，推动专业思政建设，促进课程、专业间的思政协同设计。

总之，高等院校专业课程的思政建设，必须立足学校办学定位。在专业培养方案和人才培养特色基础上，通过深入挖掘课程、专业的思政元素，不断丰富和完善教学大纲，设计详细的教学内容，制定融入课程思政考量的考核评价体系，切实推动高校的课程思政改革和专业思政建设。

二、跨境电子商务对商务英语教学改革

（一）商务英语教学概况

我国的传统外贸行业遭受了巨大的打击，非常多的主要是以出口为主的中小外贸企业纷纷倒闭。但是，随着信息技术的飞速发展，通过电子商务平台发展对外贸易逐渐成为目前我国企业经济发展的主流思想，尤其是在"一带一路"倡议和"互联网+"背景下，跨境电商规模不断扩大，成为中国经济新的增长点。商务部数据显示，2017年上半年，中国跨境电商交易规模3.6万亿元，同比增长30.7%。

据中国电子商务研究中心（100EC.CN）监测数据显示，2017年中国跨境电商整体交易规模（含零售及B2B）达7.6万亿元人民币，增速可观，2018年跨境电商交易规模有望增至9.0万亿元。由此可见，跨境电商已经成为中国外贸增长的重要动力。这种新型电子商务的快速发展促使市场对跨境电商的人才的需求越来越大，同时从事跨境电商的外贸企业对电商人才的要求也不断提高。2016年12月22日，从"跨界融合共创——全球化视野下的跨境电商人才"高峰论坛上发布的《杭州市2016—2017年度跨境电商产业紧缺人才需求目录》看出：跨境

电商人才不仅需要熟练的电子商务运营技巧，还需要良好的商务英语基础以及实际操作能力。因此，为了能够给跨境电商的飞速发展提供强有力的人才保障，商务英语的教学改革为大势所趋。这就需要高校实施有效的改革措施，着重提高学生的英语实际应用能力和商务专业知识，培养出更多的跨境电商人才。

（二）商务英语教学存在的问题

1.人才培养目标定位不明确

随着跨境电商的迅猛发展，在高校商务英语教学过程中，就需要培养出既具有较高的外语水平又具有商务运作能力的复合型人才。然而，一方面，在目前的商务英语课程教学中，高校过多地将教学重心偏向英语沟通能力的培养，从而忽略了商务知识所起到的重要作用。这就造成学生商务知识的匮乏，缺乏商务活动中所需要具备的综合素质，不利于向跨境电商企业输送急需的复合型人才。另一方面，跨境电商作为新兴行业，相关的专业教材比较少，因此导致商务英语课程不能通过专业教材进行高效、系统的教学。

2.教学模式陈旧

现在很多高校虽然已经意识到培养符合市场需求的跨境电商复合型人才的重要性，但是在实际教学过程中，由于教学设施有限，老师们只能通过在课堂上单一地将商务知识讲授给学生，并没有相关的平台让学生进行实训模拟操作，从而导致学生的实际操作能力严重匮乏。

3."双师型"教师资源缺乏

目前，担任商务英语课程的老师大多数都是从高校毕业后就直接从事教学工作，他们大都只涉及学术和理论领域，没有亲身实践经历，只能从理论知识的层面上教学生，因此无法有效地指导和帮助学生。学生毕业后难以胜任跨境电商企业的工作，主要原因在于高校的教学课程与实际相脱节。

（三）跨境电商背景下商务英语课程改革策略

1.明确人才培养目标，优化课程体系

跨境电商作为近几年来刚刚兴起的新兴行业，高校培养出来的商务英语人才应当与行业发展和市场需要相结合。尽管现在大多数跨境电商企业反映缺乏复合型人才，但是多数高校在制订人才培养方案上仍然按部就班，并没有将跨境电商

岗位的人才需求考虑其中。因此，在跨境电商背景下，高校培养的商务英语人才需要熟悉外贸规则及平台运营，具有较高的外语能力以及实际操作能力。除此之外，传统的课程设置也需要革新。除了开设基本的英语相关的课程，还需要开设与跨境电商相关的课程，比如国际贸易、网络营销、现代物流等。与跨境电商相关的实训课程也是必不可少的，毕竟跨境电商行业需要的不仅仅是理论知识，更看重的是实际操作能力。增加实训课程，使学生拥有更多的实践机会，可以显著地提升学生的实战能力。

2. 改善教学模式

陈旧的教学模式不能很好地将英语能力和商务知识融合在一起，学生虽然掌握了一定的英语语言能力，但是却不能灵活地运用到商务实践中去。这样的教学模式不能够达到跨境电商背景下商务英语教学的目标。因此，为了培养出具备电商商务知识和英语能力的复合型人才，必须改善传统单一的教学模式。在日常教学中，除了基本的商务英语沟通技能以外，还要加大跨境电商背景下的实践能力的培养，提高学生如何将英语技能熟练地应用在跨境电商商务活动中，将理论和实践实现双重发展。同时，学校还可以邀请企业的一线精英将实训模拟基地搬到课堂上，让学生通过实际操作了解到电商活动的运作流程，而不是只停留在书本上，彻底地打破"满堂灌"的教学模式。

3. 加强优质教师队伍建设

教师是学生发展的重要引导者，也是教学改革的重要参与者。但是跨境电商所出现和发展的时间均不长，还没有相对完善和健全的教学方法能够被参考。因此，学校要鼓励和支持教师走进企业，利用寒暑假时间选派教师去企业参加培训，让教师更进一步接触和了解跨境电商的实际运作流程，参与其中，将实践经验融入以后的实训教学中。另外，学校可以聘请企业有丰富实践经验的专家来校担任特聘教授，定期来学校给老师进行讲座培训，带来企业和行业的最新动态，让老师们及时把最新的知识教授给学生。这样才能彻底打破教学过程中教学与实践相分离的现状，形成具有综合能力的"双师型"教师队伍。

4. 强化校企合作人才培养

现阶段，实施校企合作已成为跨境电商背景下商务英语教学改革的必然趋势，而我国政府也出台相应的政策支持校企合作人才培养。企业可以选派优秀的员工进驻高校，走进学生的教学课堂中，员工们将在商务工作中积累的经验对学生们进行案例式教学，保证教学的有效性。除此之外，企业可以为校方提供实践基地，让学生亲自到企业中了解跨境电商的工作流程，增强学生的实践操作能力，弥补学校教育与实际脱节的缺陷，培养和锻炼学生解决实际问题的能力。与此同时，学校也可以和企业签订联合培养人才协议，为企业输送更多的优秀毕业生，既为学生争取了更多的工作机会，又可以解决目前跨境电商企业人才短缺的现状，推动企业快速发展。

总之，随着跨境电商的飞速发展，加快商务英语教学改革已成为必然趋势。作为要培养出具有高素质的复合型跨境电商人才的高校，必须顺应时代发展的潮流，坚持以市场需求为导向，明确人才培养目标，优化课程体系，改善陈旧的教学模式，创建优质的"双师型"教师队伍，加强与企业之间的合作，为跨境电商行业输送既具有扎实的英语语言能力又具有实际操作能力的复合型人才。

三、跨境电商实训短板的教学改革研究

近年来，跨境电商市场迅猛发展，然而符合市场需求的对口复合型人才极为稀缺。高校目前对于跨境电商实训教学存在短板，笔者提出除了在平台操作实训外，还增设寻找、开发客户与外贸网络营销推广实训教学模块以完善跨境电商人才的能力结构，希望能对高校相关课程的实训研究与改革起到一定的参考作用。

（一）跨境电商现状与发展

近年来，跨境电商飞速发展，正逐步成为中国经济的新增长点。根据万邑学院"2014—2016年我国跨境电商市场规模数据分析"，2014年中国跨境电商交易规模为4.2万亿元，同比增长33.3%；2015年跨境电子商务增速也高达30%以上，据商务部预测，2016年中国跨境电商进出口贸易额将达6.5万亿元，未来几年跨境电商占据中国进出口贸易比例将会提高到20%，年增长率将超过30%。国务院先后发布了《关于加快培育外贸竞争新优势的若干意见》和《关于促进跨境电子商务健康快速发展的指导意见》等文件，实施一系列措施助推跨境电商发展。特别是"一带一路"的倡议更是为跨境电商的发展打造了广阔的市场空间。

（二）跨境电商复合型人才奇缺，人才培养存在短板

相对于跨境电商如火如荼的发展态势，符合市场需求的复合型实战人才却极为稀缺，这已经在很大程度上制约了跨境电商企业的进一步发展。对外经贸大学国际商务研究中心联合阿里研究院发布的《中国跨境电商人才研究报告》显示：85.9%的企业认为跨境电商人才缺口严重存在，所招聘人员不能按要求完成工作任务比率高达82.4%。调查还显示，中小企业对跨境电商专业人才需求相对较多，更倾向于招聘具有多领域知识和技能的复合型人才。为了应对市场的迫切需求，国内高校纷纷开设、建设跨境电商相关课程，但在课程实训教学上却存在明显的短板。跨境电商所需复合型人才应是在具备较强语言能力的基础上，熟练掌握电子商务平台的操作并拥有较强的市场开发、推广等营销能力的高素质业务人员。而当前不论是有关教材、课程实际内容构建甚至重点教学资源库的课程展示中大多仅将阿里速卖通、WISH、亚马逊、敦煌网、阿里巴巴国际站等跨境电商平台操作作为学生的实训重点，而对于跨境贸易的市场开发、推广等营销能力培养的实训环节却仍基本空白。资深外贸从业人员和海外电商营销策划机构普遍表示，市场开发、推广等技能是跨境电商人才不可或缺的能力。相对平台操作，在实践中有效寻找客户开发市场、网络营销推广等更直接决定着企业国际化营销的成败。

（三）实训教学改革补齐短板，完善跨境电商人才能力结构

为了完善跨境电商人才能力结构，培养企业所需的跨境电商人才，高校跨境电商课程需要在实训教学中进一步改革，除平台操作实训外，可以增加寻找、开发客户、外贸网络营销推广模块作为实训内容。

1. 有效寻找、开发外贸客户模块

外贸业务需要花费大量的时间和精力来寻找客户，如从业多年外贸人员所称：最后的成功很大程度上要归功于获取客户信息的专业性。丰富的海外客户信息无疑是开拓国际市场成功的起点。此模块的实训内容首先讲解与操作演示近十种网上寻找外贸客户的方法与技巧，如利用搜索引擎（包含关键词搜索、Google 图片搜索、Google 地图搜索、Google 搜索引擎右侧广告、客户所在国的著名搜索引擎等）、国外的公共邮箱系统、利用公司与域名后缀、各种行业展会和协会、浏览行业巨头网站、欧洲黄页等网络黄页、商务部世界买家网等政府与机构网站、海

关数据、阿里巴巴与福步等专业论坛、Kompass 等专业数据库、Skype 等即时通信工具等。学生在后续实操中分别确定行业及相关产品，利用上述方法技巧模拟演练寻找客户的过程，寻找至少 3 个国外客户，并说明选取这 3 个国外客户的理由，并且分析总结出至少 4 种最有效的方法并说明理由。寻找到目标客户后外贸企业往往通过电子邮件来联系、开发客户，因此在此模块可植入外贸客户开发邮件写作的讲解与实训，以及向主要贸易国发送邮件的时点选择等注意事项。

2. 外贸网络营销推广模块

利用网络营销推广来开拓国际市场、推广产品和服务是广大外向型企业提高竞争力的有效途径。这部分实训主要围绕网络外贸实战中经常使用并且效果显著的推广方式展开。国外的社交网站、视频网站的用户活跃度更高，影响力更强，借助 Facebook、LinkedIn、Twitter、YouTube 等站点推广产品、品牌，能取得较好的投资回报。

（1）LinkedIn 作为全球最大的职业社交网站，其用户基本是各国企业界人士，可以通过建立或加入群组、添加好友等方式发展商业人脉及寻求合作，也可以通过建立专页或投放广告来提高业内知名度与推广产品、服务，尤其对于 B2B 类企业的海外推广是不错的选择。LinkedIn 实训要求学生通过多种搜索手段找寻相关行业客户并发送邀请建立商业人脉圈；加入与行业匹配活跃度高的专业群组或开放群发布 discussion 推广企业产品与服务；了解建立企业专页宣传企业产品、品牌和投放精准定向广告等操作。

（2）Facebook 是拥有近 10 亿活跃用户的全球最大的社交网站，一些先行的中国企业已经借助其达到了良好的海外营销推广效果。如来自江苏丹阳的线上外贸 B2C 眼镜店 Firmoo 通过在 Facebook 的成功营销，在几年内成为全球第三大线上眼镜零售商。Facebook 实训重点放在如何在 Facebook 寻找客户资源及添加好友；设置、建立企业专页并充实专页内容；了解通过广告、邀请、互赞等方式宣传专页并形成与用户的有效互动；利用免费 APP 在企业专页开店；等等。开店部分可植入全球最大的外贸在线支付平台 Paypal 的注册与使用操作实训。

（3）Twitter 作为微博的"始祖"，在人群覆盖面、推广费用、用户互动性等方面有天然的竞争优势。实训主要涉及如何关注他人以及扩大粉丝群，如何发布推文进行宣传,如何设计有奖活动或促销来吸引大量用户的关注、转发和参与等。

(4)利用全球视频网站稳居第一的 YouTube 进行视频营销推广。实训包括在标题、描述和标签里设置关键词,使视频在 YouTube 站内获得某些关键词的排名,上传视频并在线剪辑,与其他社交网络分享视频链接设置、企业产品视频创意等。

(5)用 Google Adwords 关键词广告或者 Google 遍布全球的内容联盟 AdSense 来进行海外推广是很多企业的第一选择。此部分实训主要是进行 Google Adwords 关键词广告的在线模拟制作并熟悉 Google 关键词分析工具。

(6)邮件营销是一种门槛最低、最常用的营销推广方式。邮件营销实训包括 Gmail 等海外邮箱的申请、注册、使用;在 Icontact.com、Bravenet.com 等网站申请免费邮件列表等。

四、跨境电子商务对行业人才的要求

图8-1 岗位人才需求

(一)电子商务基本理论的掌握

无论是普通电子商务还是跨境电子商务,无论是基于双创能力的要求还是不基于双创能力的要求,电子商务的基本理论永远都是行业对人才的最基本需求。只有掌握了电子商务的基本理论,才可以在现有的基础上进一步提高自身的能力。

如果一个学生缺乏对电商的基本理论的掌握,即使学校教授了他国际经济贸易方面的知识,他也难以将其运用到电商的学习上去。可以说电商基本理论是学好一切电子商务知识的前提和基础,如果基础没有打好,一切对人才的培养都将成为空中楼阁。

电子商务基本理论由经济学知识和计算机科学知识两个领域构成，一名合格的电商人才必须同时掌握电商的经济学知识和计算机科学知识，并将其很好地运用到实践中去。如果一名学生缺乏计算机科学知识，即使他掌握了深厚的经济学理论知识，也难以将其转化成电子商务。计算机科学是将传统的经济学转变为电子商务的一种有效手段，运用好了这个手段，可以凭借一定的经济学理论知识创造出辉煌的电子商务成就！换言之，如果某名学生掌握了高超的计算机科学知识，却缺乏良好的经济学理论知识储备，也是学不好电子商务的。虽然拥有良好的载体，却没有供其转化的实物，巧妇难为无米之炊说的就是这个道理。因此，对经济学理论知识与计算机科学知识的整合是新时代电商人才培养的最基本要求。

（二）国际沟通能力

如果是单纯的电子商务倒是不会涉及这一点，但是跨境电商与传统电商最大的区别便在于"跨境"二字。因此，学生必须具备良好的对外交流能力，这个能力不仅仅体现在英语水平的培养，也表现在对外国文化的了解。

新时代，电商的进一步发展离不开国外市场，实际上任何一家企业，无论是线上还是线下，规模达到一定程度以后都将面临跨境的选择。跨境有风险，但风险与机遇同在，就像我国在2001年加入世贸组织一样，尽管加入世贸组织意味着从今以后时刻受到国际经济形势的影响，但是国际市场给我国发展带来的经济效益是难以估量的。

就像一家店做大以后，逐步开设分公司一样，当国内市场饱和以后，要想赚更多的钱，自然而然地要放眼于国外市场，实际上跨境电商也就是电商的一种延伸。例如，某电商刚开始在海南做贩卖水果的生意，企业进一步扩大规模以后，公司决定将市场开拓到北京、上海、深圳等大城市。当在这些大城市做得很好以后，为了获得更大的经济利润，必然会考虑将公司业务逐步扩展到全国，最终走向国外，这是企业发展的必然之路。

然而，跨境电商最大的风险在于对境外市场的需求难以预测，中国每个省份对同一件商品的需求都可能大相径庭，境外市场更是难以预测。因此，新时代电商人才对国际市场的需求情况一定要有清醒的认识，只有知己知彼方能百战不殆。

对市场需求的了解不仅仅体现在数据上，还应该体现在对未来的预测、对过去经验的总结上。比如某种商品在中东某国的市场特别庞大，如果我们投资将有很大的把握狠狠赚上一笔，但是该国政权不稳定，很可能近期会爆发战争，那么如果这个时候再投资该国市场就是很不明智的选择了。

除了上述情况之外，跨境电商人才对于英语的掌握也是很重要的，不否认很多小语种也很重要，但是英语作为一门国际语言，掌握好英语在对外经济贸易中收益是很大的。如果连英语都掌握不好，实在是很难做好跨境电商这门工作，因此良好的英语能力是跨境电商人才培养的根本所在。除此之外，新时代的跨境电商人才应该对于贸易对象国家的风土人情、价值观念有一个很好的把握，这样才能做到对外沟通时游刃有余。

（三）创新能力

创新是一个民族发展进步的源泉，电商行业亦是如此，只有具备良好的创新能力的人才会更好地胜任跨境电商这个行业，墨守成规只会招致失败。就像电子商务行业的诞生一样，创新是一切新事物诞生的前提，也是发展壮大的最基本要求。中国政府也深知改革创新的重要性，不断地调整国家的政策，才使得祖国的经济保持持续繁荣。创新赋予了每一个跨境电商人才迅速克服困难的能力，只有拥有较强的创新能力的人才，才能不被困难挑战击倒。创新能力不仅仅对电商人才解决行业难题大有裨益，对于其今后的发展也是很有意义的。国家近年来强调的创新型人才培养也正是基于社会发展对创新型人才的需求，因此，高校应当特别注重对学生创新能力的培养。

五、跨境电子商务人才培养的策略

（一）电商基本理论的教学

跨境电商人才的培养首先要从电商基本理论的教学开始抓起，对于教学的内容，有以下两方面建议。

一方面是教材的选择。教材在教学中占据着最基本的作用，教材的选择很大程度上影响着教学的质量以及人才培养的效率，对于跨境电商人才的培养，我们首推符合时代发展需求的国际经济学教材，而摒弃传统的经济学教材。摒弃传统的经济学教材并不意味着否定传统经济学的重要意义，关键是电子商务的发展极其迅速，无论我们选择什么样的教材，实际上都是慢了时代一个脚步的，因此我们挑选更接近当今时代的教材更符合人才培养的需求。与国际接轨意味着我们的教材不能是传统的国内经济学教材，这样的教材不利于学生今后对外的交流合作，国际通用的经济学教材更能够培养学生的国际经济贸易意识，培养学生的跨境交流合作能力。

另一方面是教学方式的改革。传统的老师讲课、学生听课的教学模式应该被时代抛弃。中学时代为了应对考试而采取的应试教育不应该被搬到大学的课堂上，大学教学必须采取互动教学的教学方式，并且不断地提出实践性很强的问题，避免学生厌倦枯燥无味的教学方式，而产生厌学的情绪。互动式的教学并非简单的课堂上学生之间的分组讨论，它更体现在学年考核上面，要加大实践学分所占最终成绩的比例，减少笔试成绩对学生学习态度的影响。

（二）英语水平的培养

随着我国"一带一路"倡议的大力推进，以跨境电子商务为主导的新型贸易方式逐步成为进出口行业发展的新增长点，但是国内对于创新创业教育融入跨境电商人才培养方面的论文主要集中在东南沿海等跨境电商发达的地区。然而，随着国际贸易的高速发展，各内陆城市都初步具备各具特色的国际物流通道及配套设备，并且地方政府重视程度高，企业商户对跨境电子商务需求强烈，这些都为内陆城市开展跨境电商贸易运作奠定了基础。鉴于此，有必要在我国培养跨境电商类英语人才，顺应国际贸易的发展潮流，填补日益增长的就业空缺。此外，独立学院办学灵活，能够快速适应各类改革，且学生入学水平与高职院校相比普遍较高。因此，对构建跨境电商创业型人才培养模式有重要意义。

为了提高学生的英语水平，提高学生对外交流沟通的能力，学校可以采取举办英语竞赛、国外交流学习等方式锻炼学生的英语能力。课堂上，某些教学课程可以采取纯英文教学方式，让学生尽可能多地接触英语。除了这些，课堂上，还可以放映一些英文电影，对于学生英语能力的培养也是很有必要的。

培养英语能力是一项长期而艰巨的任务，不能急于求成，平时的积累非常重要。老师可以布置一些英文小作业或者涉及英文的论文编写，对于电商专业的专业英语课要给予足够的重视。有条件的学校还可以举办国际文化节，吸引更多的外国人走进校园，与学生进行学术交流，培养学生的英语语感和对外的沟通能力。在校内，可以成立"英语角"，鼓励学生积极参与，在英语角内，学生们可以用英语进行交流，营造一个自由的英语交流环境，并且定期举办一些英语小比赛和集会等等。

（三）双创能力的培养

双创能力的培养有很多种途径，但就电商专业来说的话，最直接的方式就是鼓励、引导学生经营淘宝店，号召学生利用课余时间去经营一个淘宝店。如果学生能够充分地将自己所学的知识应用到淘宝店的经营上，那就实现教学的最高目标了。

电商专业的实践相较其他专业的实践时间上是更容易实现的，应当指导学生开淘宝店或者进行其他的网络营销活动，在实践中丰富自己的理论知识。如果一个学生连最基本的淘宝店都不会管理，即便学会了很深厚的电商知识也是无用的。"互联网+"时代是一个信息瞬息万变的时代，只有紧跟时代步伐，与时俱进，才会更好地适应这个时代，片面地学习理论知识是不可能跟上时代步伐的，毕竟课本上的知识至少落后我们此刻的市场三年。在"互联网+"时代，三年足以使电商市场发生翻天覆地的变化，如果我们拘泥于课本，墨守成规，是不可能培养出优秀的电商人才的。

实际上我们知道，在"互联网+"时代，市场环境变幻莫测，要想紧跟时代的脚步，最好的方式就是融入这个时代。参与一个淘宝店的经营，学生将会面临很多现实问题的挑战，在不断解决这些现实问题的过程中，学生也积累了宝贵的实践的经验，这对"互联网+"时代电子商务人才的培养是大有裨益的。

我们正处于大数据的时代，信息化统治着各行各业，这些都为电子商务的发展壮大营造了一个良好的生长环境。世界经济全球化更是为跨境电商开启了成功的大门，新时代，我们要抓住难得的历史机遇，不断增强学生的创新创业能力，增强其英语交流能力，培养出优秀的跨境电商人才，为跨境电商行业的明天贡献出一份力量。

参考文献

[1] 任志新，李婉香.中国跨境电子商务助推外贸转型升级的策略探析 [J].对外经贸事务，2014.

[2] 苏曼.跨境电商专业人才胜任素质模型研究 [J].高等工程教育研究，2016(3).

[3] 郑雪英，赵婷.信息时代下跨境电子商务人才培养路径探析 [J].江苏商论，2014(11).

[4] 项捷."跨境电子商务"课程建设的思考与探索 [J].中国市场，2016(41).

[5] 鞠媛媛.跨境电子商务课程实施慕课教学探究 [J].天津商务职业学院学报，2015(5).

[6] 张倩，詹浩勇.我国高校国际经贸类专业跨境电子商务课程实训探索 [J].对外经贸，2016(12).

[7] 柯丽敏，王怀周.跨境电商基础、策略与实践 [M].北京：电子工业出版社，2016.

[8] 尤妙娜，刘晓丽.应用型本科专业人才培养模式国内外文献综述 [J].湖北函授大学学报，2014(14).

[9] 李再跃.电子商务概论 [M].北京：教育科学出版社,2013.

[10] 田宁，邓卫，李强，赵东辉.电子商务设计师系统分析与设计应用技术 [M].北京：清华大学出版社，2007.

[11] 商务部办公厅.2015年电子商务工作要点 [Z].2015-04-03.

[12] 董志良，都沁军.创业型电子商务人才培养的理论与实践 [M].北京：经济科学出版社，2013.

[13] 王琼.新形势下高校跨境电商人才培养路径研究 [J].温州大学学报，2016(5).

[14] 朱超才."互联网+"背景下跨境电商人才培养策略[J].通化师范学院学报,
    2016(2).

[15] 苏巧勤,曲国明."跨境电商"背景下独立学院国际贸易专业人才培养研究[J].
    经济研究导刊,2016(17).

[16] 李佐.浙江省跨境电商人才需求分析及培养模式研究[J].现代经济信息,
    2016(23).

[17] 财政部,税务总局.关于跨境电子商务零售出口税收政策的通知[Z].2013-
    12-30.

[18] 国务院.关于大力发展电子商务加快培育经济新动力的意见[Z].2015-05-04.

[19] 国务院.关于加快培育外贸竞争新优势的若干意见[Z].2015-05-12.

[20] 国务院办公厅.关于促进跨境电子商务健康快速发展的指导意见[Z].2015-
    06-20.

[21] 电子商务研究中心.2017年度中国出口跨境电商发展报告[R].2018.

[22] 彭龙.中国电商市场发展报告[R].2015.

[23] 速卖通大学.跨境电商:阿里巴巴速卖通宝典[M].北京:电子工业出版社,
    2014.

[24] 马梅,朱晓明,周金黄,等.支付革命:互联网时代的第三方支付[M].北京:
    中信出版社,2014.

[25] 周宁,张凌露.外贸电商定位:网商成功之道[M].北京:电子工业出版社,
    2014.

[26] 商务部.中国电子商务报告(2013)[R].2013.

[27] 艾瑞咨询集团.2012—2013年中国跨境电商市场研究报告简版[R].2013.12.

[28] 艾瑞咨询集团.2013—2014跨境电商数据分享精简版[R].2014.12.

[29] 李国娟.课程思政建设必须牢牢把握五个关键环节[J].中国高等教育,2017
    (Z3).

[30] 何江,钱慧敏.我国跨境电子商务发展研究:回顾与展望[J].科技管理研究,
    2017,37(17).

[31] 王景云.论"思政课程"与"课程思政"的逻辑互构[J].马克思主义与现实,

2019（6）.

[32] 朱广琴.基于立德树人的"课程思政"教学要素及机制探析[J].南京理工大学学报（社会科学版），2019，32（6）.

[33] 汪晓君，杨奕.课程思政融合在《跨境电商基础》课程中的探索[J].商业经济，2019（11）.

[34] 周司群.高校电商专业思政教育的设计与实践[J].法制与社会，2019（32）.

[35] 李锦锋.《网上外贸》课程实训体系构建研究[J].中国培训，2016（2）.

[36] 戴卓.高校跨境电子商务课程教学实践研究[J].中国市场，2015（50）.

[37] 楼淑娟.高职院校跨境电子商务模块化教学改革研究[J].当代职业教育，2013（11）.

[38] 刘兰兰，黄锐，李亮亮.网络营销在国际贸易中的应用[J].长春师范学院学报，2012（10）.

[39] 荆林波，梁春晓.中国电子商务服务业发展报告NO.2[R].北京：社会科学文献出版社，2013.

[40] 荆林波，黄浩，赵京桥.中国城市电子商务影响力报告2012[R].北京：社会科学文献出版社，2012.